GW00702132

Lukas Hartmann

Die wilde Sophie

Ein Märchenabenteuer

Bilder von Susann Opel

Rowohlt

rororo rotfuchs
Herausgegeben von Ute Blaich und Renate Boldt

Für Seraina, der ich die Geschichte
zum erstenmal erzählte

Veröffentlicht im Rowohlt Taschenbuch Verlag GmbH,
Reinbek bei Hamburg, Januar 1994
Copyright © 1990 by Verlag Nagel & Kimche AG,
Zürich / Frauenfeld
Umschlagillustration Susann Opel
Umschlaggestaltung Nina Rothfos
rotfuchs-comic Jan P. Schniebel
Foto S. 191 oben © Yvonne Böhler
Copyright © 1994 by Rowohlt Taschenbuch Verlag GmbH,
Reinbek bei Hamburg
Alle Rechte an dieser Ausgabe vorbehalten
Gesamtherstellung Clausen & Bosse, Leck
Printed in Germany
990-ISBN 3 499 20658 7

*in welchem sich ein dicker König einen Sohn
wünscht und ein Prinz namens Jan geboren
wird*

Es war einmal ein dicker König, der hieß Ferdinand und
fürchtete sich vor allem und jedem. Daß er so furchtsam
war, gab er natürlich nicht zu, im Gegenteil: Meistens re-
dete er mit lauter Stimme und tat so, als habe er überhaupt keine Angst. Nur seine Frau, Königin Isabella,
wußte Bescheid. Wenn sie nachts im Bett lagen, rüttelte
manchmal der Wind an den Fensterläden. Da steckte Ferdinand den Kopf unter das Kissen und murmelte: «Ich
will gar nichts mehr hören! Gar nichts!» Aber Isabella
zog ihm das Kissen wieder weg und sagte: «Mann, willst
du ersticken? Es ist ja nur der Wind.»
König Ferdinand war zwar dick und aß große Mengen
von Zwetschgenkompott, doch er herrschte nur über ein
winziges Reich. Die mächtigen Nachbarn ließen Zipfelland seit Jahrhunderten in Ruhe, und Ferdinand hütete
sich davor, sie zu erzürnen. Obgleich also Zipfelland keine Feinde hatte, wollte Ferdinand nicht auf seine Armee
verzichten. Sie bestand aus zwölf Soldaten und wurde

von Hauptmann Roderick befehligt, der als einziger die verrostete Kanone anfassen durfte.

Das Schloß, in dem das Königspaar lebte, stand auf einem Hügel über dem Dorf. Es war im Lauf der Zeit baufällig geworden. Die Umfassungsmauer zerbröckelte; der Wassergraben trocknete aus; das Dach war undicht. Bei jedem Windstoß mußte Ferdinand fürchten, daß ihm ein Ziegel oder ein Stück Verputz auf den Kopf fallen könnte. Er war zwar ein launischer Herrscher, aber er hatte nicht das Herz, die Steuern hinaufzusetzen, und so fehlte ihm das Geld für Reparaturen.

Der größte und ungemütlichste Raum im Schloß war der Thronsaal. Jeden Donnerstagmorgen setzte sich Ferdinand auf den Thron, um ein paar Stunden lang zu regieren. Er tat es ungern; die Krone drückte ihn, und er starrte verdrossen auf die gegenüberliegende Wand, wo die lange Reihe der Gesetzbücher stand, die er seit Jahren nicht mehr aufgeschlagen hatte.

Zwei alte Diener, Stanislaus und Raimund, schauten im Schloß zum Rechten. Ferdinand war unter ihrer Obhut aufgewachsen; er hatte sich an sie gewöhnt, und obgleich sie ihre Arbeit immer schlechter taten, weigerte er sich, sie zu entlassen. Das war einer der Gründe für die Streitereien zwischen dem König und der Königin. Ein anderer war, daß sie kein Kind hatten.

«Ich will ein Kind», sagte Ferdinand. «Ich will einen Sohn. Wer soll sonst mein Nachfolger werden? Streng dich endlich an, Isabella, du bist einfach zu gleichgültig.»

«Das wäre ja noch schöner, wenn wir Kinder herbeibefehlen könnten wie ein zahmes Hündchen. Wofür hältst du mich eigentlich?» Sie verstummte, denn Raimund und Stanislaus kamen herein, um das Geschirr abzutragen, und in ihren Augen schickte es sich nicht, vor den Dienern zu streiten.

Nachdem sie gegangen waren, sagte Ferdinand: «Ich weiß auch schon, wie unser Kind heißen wird: Ottokar!»

«Um Gotteswillen!» rief Isabella. «So heißen Kater oder Laubfrösche.»

«Ottokar ist ein stolzer und strammer Name», widersprach Ferdinand.

«Wir werden sehen», sagte Isabella. Das war eine ihrer häufigsten Antworten, und sie bedeutete, daß ihr die Lust am Streiten vergangen war.

Aber eines Abends, als das Königspaar im Bett lag, deutete Isabella auf ihren Bauch und sagte: «Mann, ich bin schwanger.»

«Wie? Woher weißt du das?»

«Das fühlen wir. Es rührt sich schon da drin.»

«Das ist sehr gefährlich! Ich werde sogleich den Leibarzt benachrichtigen. Und den Hofapotheker. Und die Hebamme. Und ...»

«Beruhige dich, Mann. Überlaß das mir.»

«Aber wenn du dir alles nur einbildest? Stell dir vor, diese Blamage!»

Die Königin nahm Ferdinands Hand und legte sie auf ihren Bauch. Nachdem sie eine Weile dort geruht hatte, spürte er plötzlich ein Zucken, dann einen kleinen Bukkel, der unter der Hand wegglitt. «Tatsächlich ... da ist was ...», sagte der König. «Wie winzig muß dieses Kerlchen sein!»

«Es wächst noch. Und es wird weiterwachsen, bis es so groß ist wie wir.»

«Aber wie lange das noch dauert! Und wieviel kann bis dahin passieren! Sieh dich bloß vor. Und denk daran, daß du bei jedem Schritt straucheln könntest! Ach, ich darf mir das gar nicht ausmalen.»

Mit Besorgnis sah der König in den folgenden Wochen, wie Isabellas Bauch immer mehr anschwoll. Sie wurde dicker als er selber; ohnehin begann er vor lauter Sorgen abzumagern.
«Der Junge findet kaum noch Platz da drin», sagte er. «Das muß ihn doch überall drücken, und wer weiß, vielleicht schadet so viel Druck dem Gehirn.»
«Erstens kann's auch ein Mädchen sein», erwiderte Isabella. «Und zweitens ist gerade soviel Platz da, wie es braucht, nicht zuviel und nicht zuwenig.»
Der König glaubte ihr nur halb, und überhaupt: Bis zur Geburt konnten noch tausend Dinge dazwischenkommen.

Doch in einer Septembernacht gebar die Königin ein gesundes Baby. Ferdinand näherte sich auf Zehenspitzen dem Kind und betrachtete es von nahem. Aber gleich fuhr er wieder zurück.
«Herrje», rief er, «der Kopf sieht ganz zerdrückt aus. Und dieser Schleim, dieses Blut überall! Ist es krank?»
«Majestät», sagte der Leibarzt, «so sehen Neugeborene eben aus.»
«Wir werden es gleich waschen», sagte die Hebamme, die sich über die männliche Dummheit längst nicht mehr wunderte.
«Waschen?» Ferdinand sah die Hebamme entsetzt an. «Was fällt dir ein? Schau doch, wie winzig und zart es ist. Willst du's ertränken?»
Davon verstehst du nichts, hätte sie jedem andern Mann gesagt; aber weil es der König war, schluckte sie ihre Ant-

wort hinunter und warf dem Leibarzt einen vielsagenden Blick zu.

Der Leibarzt fürchtete den Zorn des Königs. «Es ist üblich», sagte er zögernd, «Neugeborene zu waschen. Wenn Ihre Majestät allerdings geruhen ...»

«Halt», unterbrach ihn der König. «Wieso hat mir eigentlich noch niemand gesagt, ob es ein Junge oder ein Mädchen ist?»

«Hast du denn keine Augen im Kopf», sagte die Königin mit schwacher Stimme.

«Ach Gott», sagte der König, «es ist schon ganz blau vor Kälte. Und ich seh ja nur den Rücken, das Rücklein ... und diese Beinchen, die reinsten Hühnerbeinchen ... Wie soll ich da ...»

«Es ist ein Junge», sagte die Hebamme und legte eine Decke über Mutter und Kind.

«Wie? Was?» schrie der König, außer sich vor Freude. «Ein Junge! Ein Junge! Hab ich's nicht gesagt?» Er hüpfte auf einem Bein im Schlafzimmer herum und klatschte in die Hände. «Beflaggt das Schloß! Einundzwanzig Böllerschüsse als Salut für den Thronfolger!» Plötzlich verstummte er, trat wieder zum Bett und betrachtete das flaumige Köpfchen, das an der Brust der Königin lag. «Ottokar ...», sagte er mit fragendem Unterton. «Ottokar ...» Er schüttelte verwirrt den Kopf. «Nein, das geht nicht für etwas so Kleines.»

«Er heißt Jan», sagte die Königin.

«Jan?»

«Jan ist ein guter Name.»

Noch am selben Vormittag wurden die einundzwanzig Kanonenschüsse abgefeuert. Die einzige Kanone, die zum Schloß gehörte, war seit vielen Jahren nicht mehr benutzt worden, und die ersten Schüsse erzeugten so viel Rauch, daß das ganze Schloß von einer schwarzen Wolke verhüllt wurde. Nach dem ersten Schuß liefen die Leute auf den Straßen zusammen und zählten laut mit. Bei einer kurzen Unterbrechung nach dem dritten Schuß nickten sie einander zu.

«Ein Mädchen also», sagte Otto, der königliche Zwetschgenkompottlieferant, und legte den Arm um seine Frau, die ebenfalls schwanger war. Als aber die Schüsse wieder einsetzten und erst beim einundzwanzigsten endeten, sagte er: «Ein Junge. Auch gut.»

«Aber wir werden ein Mädchen haben», sagte Gerda, seine Frau.

«Das werden wir», sagte Otto, «und es wird Sophie heißen.»

«Darüber reden wir noch», entgegnete Gerda.

in welchem der kleine Prinz Brei essen muß
und mit zwei Nebenhergehern Bekanntschaft
schließt

Das Kind wuchs von Tag zu Tag. Es wurde gewaschen, gewickelt, gefüttert, gewogen. Es schlief, es trank, es rülpste, es machte die Windeln naß.

Isabella blieb dabei gelassen; Ferdinand aber kam kaum mehr zur Ruhe. Täglich entdeckte er neue Gefahren, die sein Söhnchen bedrohten.

«Du sorgst dich zu sehr, Mann», pflegte die Königin zu sagen.

«Nein, noch viel zuwenig», entgegnete der König.

Als erstes verbot er, das Kind weiterhin in die Wiege zu legen.

«Sie schwankt zu sehr», erklärte er. «Der Prinz könnte herausfallen und sich das Genick brechen.» Er ließ vom königlichen Schreiner einen Bettkasten mit abgerundeten Kanten und gepolsterten Wänden anfertigen, der so tief war, daß das Kind nicht herausfallen konnte.

«So was Unnützes», sagte Isabella. «Aber gut, wenn's dich beruhigt.»

11

Als nächstes ordnete Ferdinand an, daß niemand den kleinen Jan in die Arme nehmen und herumtragen dürfe außer der Königin und der Kinderfrau. Bei jedem Gang wurde die Kinderfrau außerdem von zwei Soldaten begleitet, die links und rechts von ihr und immer einen halben Schritt voraus ein Netz zwischen sich ausgespannt hatten, so daß das Kind, hätte die Kinderfrau es fallen gelassen, darin aufgefangen worden wäre.

«Soll er doch seinen Willen haben», sagte die Königin, als die Kinderfrau sich bei ihr über diese Verrücktheit beschwerte.

Doch eines Morgens entdeckte der König, daß Jans linke Wange von drei Mückenstichen geschwollen war. «Mücken!» schrie er. «Diese niederträchtigen Biester! Sieh nur, Isabella, sie könnten ihn glatt totstechen!» Wie um ihn anzuspornen, verzog Jan sein Gesicht und begann zu wimmern.

«Ach, Ferdinand», sagte Isabella. «Du übertreibst wie immer. So schlimm ist das gar nicht. Wir tragen ein wenig Salbe auf, und dann schwillt es wieder ab.» Sie nahm das Kind in die Arme und gab ihm die Brust.

«Majestät», sagte Raimund, der zugehört hatte, «Sie müßten vielleicht befehlen, sämtliche Fenster im Schloß zu schließen.»

Der König stutzte. «Eine ausgezeichnete Idee! Von wo kommen die Mücken? Von draußen! Wir schließen die Fenster nicht nur, wir vernageln sie, dann zieht es auch nicht mehr. Ich habe bisher viel zuwenig daran gedacht, wie sehr Zugwind meinem Kind schaden könnte.»

Isabella wehrte sich gegen diese neue Maßnahme. Doch Ferdinand ließ sich nicht beirren. Er rief den königlichen Schreiner und befahl ihm, sämtliche Fenster zuzunageln.

Das dauerte ein paar Tage, und gleichzeitig gingen Stanislaus und Raimund auf Mückenjagd. Sie forschten nach schwarzen Punkten an Wänden und Decken; sie schlugen mit ihren Klatschen auch Spinnen, Wanzen und Schaben tot, von denen es im Schloßkeller wimmelte. Der König war entsetzt, als er all die Insektenleichen sah, die ihm die Diener vorwiesen. «In Ohren und Nase könnten sie dem Kind kriechen! Oder es könnte sich an einer fetten Fliege verschlucken!» Und er beschloß, eine neue Stelle zu schaffen: diejenige eines königlichen Insektenjägers, der alles, was sechs Beine hatte, aufspüren und vernichten mußte. «Wie willst du ihn bezahlen?» fragte Isabella. «Wir haben sowieso kein Geld. Und für eine solche Dummheit schon gar nicht.»

«Für unser Kind darf uns nichts zu teuer sein», sagte Ferdinand mit finsterm Blick. «Im Notfall erhöhe ich die Steuern.»

Der König ließ durch seinen nebenamtlichen Herold ausrufen, daß er einen fähigen Insektenjäger suche. Es meldeten sich ein paar Burschen, und Ferdinand wählte den flinksten aus. Er hieß Karol. Von morgens früh bis abends spät hallte sein Klatschen durchs Schloß. Die Mauerritzen und das undichte Dach sorgten dafür, daß ihm die Arbeit nicht ausging; im Gegenteil, je größer seine Beute war, desto unverschämter schienen sich die Insekten zu vermehren, und am Abend war er jeweils zu Tode erschöpft.

Als Jan die ersten Zähne bekam, hatte der König einen weiteren Grund, sich zu sorgen. Das Kind hatte bisher Muttermilch getrunken und Brei gegessen; jetzt griff es nach Brotkanten und kaute auf ihnen herum.

«Um Gotteswillen!» rief Ferdinand, als er dies zum erstenmal sah. «Die Rinde ist doch viel zu hart.»

«Kinder müssen kauen lernen», entgegnete die Königin. «Das ist nun einmal so.»

«Aber Jan hat einen so zarten Gaumen. Er könnte sich verletzen, die Wunde könnte zu eitern beginnen. Schrecklich!»

Isabella schüttelte den Kopf. «Ach Mann, du mit deinen ewigen Ängsten. Laß unsern Jan doch groß werden wie andere Kinder.»

Im selben Augenblick verschluckte sich das Kind, es hustete, sein Gesicht lief rot an, und Isabella legte es bäuchlings über die Knie und klopfte ihm auf den Rücken, bis es das halbzerkaute Brotstück wieder ausspuckte.

«Siehst du?» sagte sie. «Jetzt hast du beinahe einen Unfall herbeigeredet.»

Starr vor Schrecken hatte Ferdinand die Szene verfolgt. Allmählich kam er wieder zu sich. «Ich werde anordnen», sagte er, «daß Jan von heute an nur noch Brei zu essen bekommt, Gemüsebrei, Fleischbrei, Früchtebrei, verstehst du? Alles, was der Kleine ißt, wird in der Küche vorher zermanscht und zerstoßen, jedes Knöchelchen, jeder Apfelkern wird entfernt.»

«Mann, du bist verrückt. Das ist gegen die Natur, das erlaube ich nicht.»

«Du wirst tun, was ich befehle.»

«Oh nein!»

«Oh doch! Die Königskrone trage ich, du bist nur meine Frau!»

«Ich bin Jans Mutter!»

Sie starrten einander erbost an. Aber auch diesmal setzte Ferdinand seinen Willen durch. Er rief den Ministerrat zusammen, der aus drei nebenamtlichen Ministern bestand; und nachdem sie einen Tag lang im Thronsaal eingesperrt gewesen waren, entschieden sie, der König habe immer recht und in Angelegenheiten seines Sohnes noch mehr als sonst.

Ein paar Monate vergingen. Jan lernte krabbeln; er griff nach allem, was er sah, und versuchte, es in den Mund zu stecken.
«Schrecklich!» rief der König. Und er befahl, sämtliche Gegenstände, die sich in Jans Nähe befanden, wegzuräumen. Keine Rassel durfte er berühren, kein Holzpferd, keinen Kreisel: alles viel zu gefährlich! Der Ausrufer verkündete in ganz Zipfelland, der König benötige einen Wegfreiräumer, der dem Prinzen die kleinsten Steinchen aus dem Weg räume.
«Sicher ist sicher», sagte sich der König, nachdem er aus der Reihe der Bewerber den Tüchtigsten ausgewählt hatte.
Rupert, der königliche Wegfreiräumer, tänzelte nun tagsüber vor dem Kind her, versuchte dessen gewundenen Weg vorauszuahnen und krähte: «Aus dem Weg! Aus dem Weg!» Wann immer es ging, mußten Raimund und Stanislaus ihm beistehen und alle Möbel, die Jan im Weg standen, zur Seite rücken. Besonders das königliche Sofa war ein schweres Stück, und sie mußten es, den Launen des Kindes folgend, an einem einzigen Tag bis zu dreißigmal verschieben.

Der Zufall wollte es, daß Ferdinand gerade dabei war, als sein Sohn sich zum erstenmal von allein aufrichtete. Isabella hatte sich dem Kind gegenüber auf den leergeräumten Boden gekauert und klatschte in die Hände. «Komm», lockte sie, «versuch's doch mal!»

15

Fassungslos sah der König, wie das Kind die Ärmchen ausstreckte und schwankend einen Fuß vor den andern setzte. «Halt!» schrie er, bleich vor Angst. Jan erschrak, schwankte noch stärker, und er wäre auf den Hintern geplumpst, wenn nicht der König mit einem Sprung bei ihm gewesen wäre und ihn aufgefangen hätte. Jan begann zu weinen, entwand sich den Händen des Vaters und krabbelte verängstigt zu Isabella hin, die ihm tröstend durchs Haar fuhr.

«Willst du das Kind umbringen?» schimpfte der König. «Beinahe wäre es gestürzt und hätte sich ein Bein oder einen Arm gebrochen!»

«Jan lernt gehen», sagte Isabella und zwang sich zur Ruhe. «Da wird er noch einige Male auf den Hintern fallen. Das ist eben so bei kleinen Kindern.»

«Aber nicht bei Jan.»

«Was denn sonst? Soll er sein Leben lang auf allen Vieren krabbeln?»

«Nein. Aber wenn er stolpert oder schwankt, darf ihm nichts passieren.» Ferdinand dachte angestrengt nach. «Ich hab's!» rief er plötzlich. «Ich ernenne einen ersten und einen zweiten Nebenhergeher. Der erste geht zur Rechten und der zweite zur Linken des Prinzen. Und dann ernenne ich einen Hinterhergeher und einen Vorausgeher, und alle vier müssen den Prinzen auf allen seinen Gängen begleiten und ihn auffangen, wenn er in ihre Richtung fallen sollte.»

Isabella verschlug es die Sprache; aber die Kinderfrau räusperte sich und sagte: «Mit Verlaub, Majestät, wie stellen Sie sich das vor, wenn das Kind durch eine schmale Tür geht? Sollen sie sich zu dritt hindurchquetschen?»

Ferdinand runzelte die Stirn. «Im Schloß gibt's keine

schmalen Türen. Und wenn's dennoch eine gibt, werde ich sie erweitern lassen.»

«Mann», sagte die Königin, «mit dir ist's ja wirklich nicht mehr auszuhalten. Nochmals vier Bedienstete? So was Dummes! Denk doch ein bißchen nach. Was nützt ein Vorausgeher? Der sieht ja gar nicht, was hinter seinem Rücken passiert.»

«Dann geht der Vorausgeher eben rückwärts», sagte der König, «so kann er den Prinzen im Auge behalten.»

Wieder versuchte Isabella, ihren Mann daran zu hindern, seinen unvernünftigen Plan auszuführen; aber wieder hatte sie die Minister gegen sich, die gehorsam nachplapperten, was der König sagte. Ein paar Tage lang stritt sie sich bei jeder Mahlzeit mit Ferdinand; dann gab sie klein bei. Wenn Jan erst richtig sprechen kann, dachte sie, wird er sich schon selber wehren.

Um die Bewacher zu bezahlen, brauchte der König nochmals mehr Geld, und jetzt blieb ihm nichts anderes mehr übrig, als die Steuern zu erhöhen. Die Leute murrten. Doch der Ausrufer wurde begleitet von der königlichen Armee, und das schüchterte die Untertanen derart ein, daß sie ablieferten, was der König verlangte.

«Dreißig Gläser extra!» sagte Otto, der königliche Zwetschgenkompottlieferant, zu seiner Frau. «Ohne daß er mehr bezahlt! Und alles nur wegen dieses verwöhnten Balges!»

«Reg dich nicht auf, Otto», sagte Gerda, seine Frau. Sie badete gerade ihre Tochter Sophie draußen im Bottich. «Der Prinz kann ja nichts dafür. Stell dir vor, er ist nur wenig älter als unsere Sophie.» Sie hob das Mädchen aus dem Bottich und rieb es mit einem Tuch trocken. Sophie quietschte vor Vergnügen. Sie riß sich los und rannte zum Vater. Der hob sie lachend auf die Schultern, wieherte wie ein Pferd, rannte mit ihr quer durch den Garten und im Zickzack wieder zurück.

«Otto», warnte seine Frau, «du läßt sie fallen.»

«Wir sind hier nicht im Schloß», entgegnete der Vater und setzte mit einem verwegenen Sprung über ein Gartenbeet.

*in welchem König Ferdinand das große E
verbietet und einen Buchstabenwegschneider
anstellt*

Der Prinz wuchs zu einem blassen und ängstlichen Jungen heran, der ständig von Bewachern umgeben war. Spielen durfte er nur mit einem kleinen Ball. Der war rund und glatt, und Jan ließ ihn immer wieder fallen. Mit der Zeit begnügte er sich damit, den Ball auf dem Boden zu seinen Bewachern zu rollen, und diese rollten ihn sanft zurück.

Außer dem Insektenjäger, dem Wegfreiräumer, den beiden Nebenhergehern, dem Hinterher- und dem Vorausgeher stellte der König noch zwei Treppenhochträger, einen Lebertranverwalter und einen Kleidervorwärmer an. Nochmals wurden die Steuern hinaufgesetzt; aber da der König gleichzeitig die Armee um drei Soldaten verstärkte, wagte niemand aufzumucken.

Isabella versuchte, sich ins Unvermeidliche zu fügen. «Der Junge wird ja trotzdem groß», sagte sie sich. «Er soll halt lernen, seinen Kopf anzustrengen.»

Schon früh lernte Jan lesen und schreiben. Er durfte jedoch nur dünne Bücher in die Hände nehmen; allzu dicke hätten ihm auf die Zehen fallen können. Ferdinand wollte zuerst, daß sein Sohn nur die Buchstaben ohne Ecken lerne; wenn Jan sich an eckige Buchstaben gewöhne, so sagte er, werde er bestimmt die Gefahren übersehen, die mit ihnen zusammenhingen. Also brachte Stanislaus dem Prinzen lediglich die Buchstaben C, I, O, Q, S und U bei. Er schrieb sie mit Kreide auf eine Schiefertafel, und Jan, der ihm aufmerksam zusah, setzte die Buchstaben im Kopf zusammen zu OI, UI, SIC und so fort. Doch nach ein paar Wochen sah selbst der König ein, daß sich daraus keine sinnvollen Wörter bilden ließen. Außerdem merkte er, daß C, I, Q, S und U in gefährliche Spitzen ausliefen und eigentlich nur das große O übriggeblieben wäre. Doch was ließ sich schon mit einem O ausdrücken? Widerstrebend erlaubte Ferdinand seinem Sohn, das ganze Alphabet zu erlernen – mit Ausnahme des großen E. Das große E, so sagte der König, gleiche aufs Haar einer Gabel, und es schaudere ihn beim Gedanken, daß sein Kind sich an einem solchen Mordinstrument aufspießen könne. Und so stellte Ferdinand einen königlichen Buchstabenwegschneider ein. Der hieß Maximilian; er war vorher Schneider gewesen und daran gewöhnt, feine Stiche zu nähen. Jetzt mußte er dafür sorgen, daß in den Büchern des Prinzen keine großen E mehr enthalten waren; mit seinem Scherchen schnitt er sie rasch und sauber aus.

Sobald Jan buchstabieren konnte, verlangte er nach Geschichten; denn sie erzählten von Dingen, die er nicht kannte, vom Himmel, vom Wald, von andern Kindern, und je mehr er las, desto mehr hatte der Buchstabenwegschneider zu tun. Von früh bis spät saß er, ein aufgeschlagenes Buch vor sich, in einer Kammer, von der Jan nichts wissen durfte, und die E, die er herausschnitt, bedeckten den Boden wie Schneeflöckchen. So hatten die Bücher, die Jan bekam, auf jeder Seite ein paar Fensterchen, die einen hübschen Durchblick auf die nächste Seite gewährten. War das vielleicht ein unsichtbarer Laut, den man sich denken mußte? Mit der Zeit gewöhnte sich Jan so sehr daran, daß er die großen E auch beim Sprechen wegließ. Für ihn gab es im Sommer manchmal rdbeeren (natürlich zermanschte); er fürchtete sich vor scharfen cken; er aß morgens ein i (das heißt nur das Gelbe davon); er dachte, ein gutes Kind müsse seine ltern lieben.

Eines Tages bemerkte Ferdinand, daß sich die Sprechweise seines Sohns verändert hatte. Als ihm der Zusammenhang aufging, erschrak er ein weiteres Mal. «Schlimm, schlimm», sagte er zur Dienerschaft, die er wie jeden Abend um sich versammelt hatte. «Wenn wir so reden, wie wir bisher geredet haben, kann der Prinz das E ja hören! Jan ist ein kluges Kind, und vielleicht entdeckt er schon bald, daß da etwas nicht stimmt. Und dann wird er alles daran setzen, das Geheimnis aufzuklären. Schrecklich! Ich befehle, daß ab heute im Umgang mit dem Prinzen kein großes E mehr ausgesprochen werden darf. Kein ...», er räusperte sich, «kein Dingsda mehr auf dem Papier, keines mehr beim Reden. Alles klar?»
Die Diener – Raimund und Stanislaus, der Insektenjäger, die beiden Nebenhergeher, der Hinterher- und der Vorausgeher, die Treppenhochträger, der Kleidervorwärmer, der Lebertranverwalter und der Buchstabenwegschneider – sahen einander betreten an.
«Mit Verlaub», sagte der Hinterhergeher. «Ich weiß nicht,

ob ich das kann. Ich bin ja nicht viel gescheiter als ein Esel ...»

«Sel, Sel!» schrie der König, und alle Diener zuckten zusammen. «Es heißt Sel, du Einfaltspinsel ...» Der König erstarrte und horchte dem Klang seiner eigenen Wörter nach; dann verbesserte er sich: «Äh ... ich meine natürlich Infaltspinsel, du bist ein Infaltspinsel, und trotzdem wirst du lernen, so zu sprechen, wie ich's befehle.»

«Wie Sie wünschen, Majestät», sagte der Hinterhergeher.

Die neue Sprechweise bürgerte sich rasch ein, und nicht nur im Schloß. Die Leute ärgerten sich zwar über die höhern Steuern, und sie schimpften auf den verzärtelten Prinzen, dessen Schutz so viel kostete; aber es gehörte für einige Zeit zum guten Ton, beim Sprechen das große E wegzulassen, und als der König sogar ein paar Monate lang die kleinen Anfangs-e wegließ, ahmten sie ihn auch darin nach.

Für Isabella allerdings war das E-Verbot einer der Gründe, weshalb sie sich wieder häufiger mit ihrem Mann zankte.

«Das ist doch dummes Zeug», sagte sie. «Was kann ein E dem Kind schon antun?»

Ferdinand hielt sich die Ohren zu. «Bitte, Isabella», sagte er mit gequälter Miene. «Bitte, rwähne dieses ... Dingsda nicht. Wenn ich's höre, geht's mir durch Mark und Bein. Und was muß rst das Kind rdulden!»

«Ach Gott», sagte die Königin, «wenn's dir so wichtig ist, dann versprech ich dir's halt.» Sie zögerte einen Augenblick; beinahe erschrak sie selber über den Gedanken, der ihr gekommen war.

«Aber du schuldest mir eine Gegenleistung», sagte sie.

«Ine Gegenleistung? Was denn?»

«Du mußt mir versprechen, daß Jan von Zeit zu Zeit frische Luft atmen kann.»

«Wo denn?»

«Draußen. Draußen im Schloßhof.»

«Draußen?!» Ferdinand sprang vom Sofa auf, als hätte ihn eine Wespe gestochen. «Bist du noch bei Trost? Weißt du überhaupt, was du sagst?»

«Ein Kind braucht frische Luft. Das meint auch der Leibarzt.»

«Bei mir behauptet r das Gegenteil. Ich werde mir den Kerl vorknöpfen.»

«Du schüchterst ihn ein. Deshalb sagt er nur, was du hören willst.»

«Umgekehrt, dir redet r nach dem Mund!»

«Ob so oder so, du kannst unser Kind nicht lebenslänglich einsperren.»

Der König ging auf und ab, und sein purpurroter Schlafrock schleifte über den Boden. «Es ... s ist noch viel zu früh für so was. Stell dir doch die Gefahren draußen vor: Regen! Hagel! Blitze! Windböen! Oder dann sticht die Sonne! Und was fliegt nicht alles durch die Luft! Bienen, Hornissen, Raubvögel! Und überall der Staub, der die Nasen verstopft, die Augen rötet! Dazu der Ziehbrunnen im Schloßhof, fünfzig Meter tief! Und daneben die große Ei... äh ... Iche, so alt und morsch, daß sie jederzeit umfallen könnte! Ich frage dich: Willst du unser Kind umbringen?»

«Staub gibt's auch hier drinnen, mein Guter», sagte die Königin. «Und was die Eiche ...»

«Bitte! Bitte!» unterbrach sie der König. «Du hast mir versprochen ...»

«Was die ... Iche betrifft, so ist es höchste Zeit, daß Jan endlich einmal einen richtigen Baum sieht. Hör zu: Wenn

24

du mir meine Bitte abschlägst, sage ich auch weiterhin Eiche und Eicheln, Elefant und ...»

«Ich willige in, ich willige in!» Der König wischte sich mit dem Ärmel über die Stirn. «Aber wir warten wenigstens bis zu Jans siebtem Geburtstag. Da haben wir noch twas Zeit, uns auf dieses Er... auf dieses reignis, ich meine: auf diesen Ausflug vorzubereiten.»

Damit war Isabella zufrieden. Schritt um Schritt, dachte sie, wird sich schon etwas verändern lassen. Zur Feier des Tages öffnete sie ein Glas Zwetschgenkompott. «Das letzte», sagte sie. «Wir müssen eine neue Lieferung bestellen. Wann hast du das alles gegessen?»

Ferdinand schwieg betreten. Von weither war das Klatschen des Insektenjägers zu hören; im Nebenzimmer, wo Jan bereits schlief, schnarchte Stanislaus auf seinem Sessel, während Raimund, der Wache hielt, angestrengt die Augen aufsperrte.

4. Kapitel

*in welchem der Prinz entdeckt, wie grün ein
Baum sein kann, und unglücklicherweise
lernen muß, sich zu schneuzen*

An Jans siebtem Geburtstag schien die Sonne. Es war
nicht mehr heiß wie im Sommer, aber angenehm warm.
Jan hatte sich seit Wochen auf seinen ersten Ausflug ge-
freut; er war immer wieder vor den vernagelten Fenstern
gestanden und hatte sich gefragt, wie es draußen *wirklich*
sein werde, ob der Himmel, von dem er nur wenig sah,
so weit und so blau sei, wie ihn die Bücher beschrieben.
Gegen zwölf Uhr mittags wurde er in seine wärmsten
Kleider gesteckt, die der Kleidervorwärmer bereits zwei
Stunden lang auf dem Leib getragen hatte. Die Kinderfrau zog Jan eine goldbestickte Mütze über die Ohren,
wickelte einen wollenen Schal um seinen Hals und streif-
te ein paar Fäustlinge über seine Hände.
Die Gesellschaft, die sich um den Prinzen versammelt
hatte, stellte sich in der befohlenen Reihenfolge auf.
Zuvorderst stand, zwei Schritte vor dem rückwärtsge-
henden Vorausgeher, der Wegfreiräumer; dann folgte der
vermummte Prinz, ihm zur Seite standen die beiden Ne-

benhergeher, dicht hinter ihm der Hinterhergeher. Den Zug beschlossen Raimund und Stanislaus, die beim geringsten Gefahrenzeichen einspringen sollten. Als allerletzter beobachtete der König, was vor ihm geschah. Er holte Atem und rief: «Los!»

Bis zum Portal war Jan bisher noch nie gekommen, und er bestaunte die schmiedeeisernen Verzierungen. Nochmals zögerte Ferdinand, der vor Angst schwitzte; dann rief er: «Aufmachen!», und der Wegfreiräumer stieß einen Torflügel auf.

Das Licht stand vor Jan wie eine gleißende Wand, und sogleich spürte er auf seiner Haut, wieviel wärmer es draußen war als drinnen. Er kniff die Augen zusammen und trat ins Freie, auf den gepflasterten Hof hinaus.

Draußen warteten schon Isabella und die Kinderfrau auf ihn. Man hatte ein Gitter über den Brunnen gelegt, alle Brennesseln ausgerissen, und in den Ecken des Schloßhofs waren Soldaten postiert, die mit angelegtem Gewehr den Himmel nach Raubvögeln absuchten.

Langsam gewöhnten sich Jans Augen ans Licht. Er drehte sich staunend um sich selber. Wie blau war der Himmel! Wie weit entfernt die Wolken! Wie mächtig, wie grüngolden der Baum neben dem Brunnen! Die Luft roch nach unbekannten Dingen, süß und bitter zugleich. Die Stimmen, die ihn umschwirrten, klangen ganz anders als drinnen; und hinter ihnen – oder mit ihnen vermischt – schien die Welt zu summen, zu zwitschern, zu zirpen. Es war zuviel für Jan. Er schloß die Augen und schwankte. Die Diener führten ihn zum Sessel, der im Hof für ihn bereitstand; sie breiteten eine Samtdecke über seine Schultern, und der Beschatter, der am Morgen zusätzlich zum Lebertranverwalter ernannt worden war, spannte einen Sonnenschirm auf und hielt ihn über Jans Kopf.

Die ganze Dienerschaft, dazu der König und die Königin umringten den Prinzen besorgt.

«Ist dir wohl, mein Sohn?» fragte Ferdinand.

«Gefällt's dir hier draußen?» fragte Isabella mit aufmunterndem Lächeln.

Jan nickte und öffnete wieder die Augen. «Ihr habt mir nicht gesagt, daß die Welt zweigeteilt ist.»

«Zweigeteilt?» fragte Ferdinand.

Jan deutete mit seinem Fäustling auf die eine Hälfte des Hofs, die im Schatten lag, dann auf die andere, die von Licht übergossen schien.

«Das sind nur Licht und Schatten», sagte der König.

«Ach so», entgegnete Jan. «Drinnen sind die Schatten viel schwächer.» Er deutete auf den Schirm. «Warum nehmt ihr mir das Licht weg?»

«Damit du keinen Sonnenstich bekommst», sagte Isabella. «Das ist für einmal nichts Unvernünftiges. Du bist ja Sonne überhaupt nicht gewohnt.»

«Mir ist heiß. Warum muß ich so viele Kleider tragen?»

«Damit du dich nicht erkältest», antwortete der König.

«Wenigstens die Fäustlinge könnte er ablegen», sagte Isabella mißbilligend. «Schließlich haben wir erst September.»

«Kommt nicht in Frage. Sämtliche Sicherheitsmaßnahmen werden aufrechterhalten. Man kann nie weit genug vorausdenken!»

Jan hörte ihm gar nicht mehr zu. Seine Blicke kehrten immer wieder zum Baum zurück, der in einem kleinen Fleck Erde wurzelte. Das Sonnenlicht und ein leichter Wind spielten mit dem Blätterdach. Noch nie hatte Jan etwas so Schönes und Lebendiges gesehen.

«Das ist also ein ... Baum», sagte Jan und zeigte auf die alte Eiche.

«Es ist, genau gesagt, eine ... Iche», belehrte ihn Raimund.

«Eine Iche, richtig, eine Iche», echoten die Diener.

«Ich möchte darunter stehen», sagte Jan, «unter diesem grünen Dach. Und ich möchte die Iche berühren, dort wo sie so rauh und rissig ist.»

«Er meint die Rinde», sagte der Kleidervorwärmer wichtigtuerisch.

«Kommt nicht in Frage!» fuhr der König dazwischen. «Stellt euch vor, wenn ein Ast auf ihn niederkrachen würde!» Der Gedanke erschreckte ihn so sehr, daß er befahl, den Ausflug abzubrechen; er habe schon viel zu lange gedauert.

«Ich möchte aber ...», protestierte der Prinz.

Man packte ihn und bugsierte ihn in die Eingangshalle zurück. Die Tür fiel ins Schloß; das Sonnenlicht blieb ausgesperrt, und Jan war es, als ob man ihm die Luft abschnüre.

«Du machst den Jungen unglücklich», sagte Isabella später zu ihrem Mann.

«Ich sorge für seine Sicherheit», antwortete Ferdinand trotzig.

«Versprich mir, daß der Junge wöchentlich einmal im Schloßhof spazierengehen darf. Er ... r wird sonst immer kränker.»

«Aber nie länger als eine Viertelstunde! Und nur bei klarem Himmel!»

Immer am Donnerstag sollte künftig Jans wöchentlicher Spaziergang stattfinden; doch mindestens jedes zweite Mal sagte ihn der König aus irgendeinem Grund ab, oft erst im letzten Augenblick, wenn sämtliche Diener schon bereitstanden.

Jan ertrug dieses Hin und Her schlecht. Ihm schien, er warte Tag und Nacht nur noch darauf, daß sich das Portal vor ihm öffne, daß die Eiche vor ihm stehe und mit den Blättern raschle. Das Nein des Königs – weil die Wolken zu schwarz waren, weil der Wind zu heftig blies – war die schlimmste Strafe, die er sich denken konnte. Doch alle seine Bitten nützten nichts; Ferdinand ließ sich nie umstimmen.

Jan träumte Nacht für Nacht vom Hof, vom sonnen-beglänzten Pflaster, vom Baum, der ihm Geschichten erzählte. Er träumte, daß er sich an den Ästen empor-schwang und vom Wipfel aus über das ganze Land hin-wegsah und weiter bis zum Meer; aber wenn er erwachte, lag er in seinem Bett, das Zimmer war grau und dämmrig, und neben dem Bett saßen Raimund und Stanislaus, die ihn bewachten.

Eines Tages – nach dem fünfzehnten Spaziergang – hat-te Jan den Schnupfen. Seine Augen tränten, seine Nase tropfte; er klagte über Hals- und Kopfweh und schnaubte beim Atmen. Raimund und Stanislaus, die seine Stirn be-fühlten, waren der Ansicht, daß er fiebere. Man benach-richtigte sogleich das Königspaar.

Ferdinand war entsetzt, als er Jans Zustand sah. «Habe ich's nicht schon immer gesagt? Das haben wir bestimmt diesen Ausflügen zu verdanken!» Er schaute mit wildem Blick ringsum. «Wo ist der Leibarzt? Warum ist er nicht längst hier? Und deckt den Prinzen zu! Mit zwei Decken, nein, mit drei, mit vier! Ach, Kindchen, leidest du sehr?»

«Es pocht im Kopf», sagte Jan mit belegter Stimme; doch gleich schwächte er ab: «Es ist nicht so schlimm», denn er bangte um seinen nächsten Spaziergang.

«Nicht so schlimm? Oh doch, es ist schlimm, sehr schlimm!

Bestimmt hast du hohes Fieber. Wo bleibt denn nur der Leibarzt, dieser Faulpelz?»

«Mann», sagte Isabella, die Jan schweigend beobachtet hatte, «übertreib nicht schon wieder. Das ist nichts als ein Schnupfen, und der ist in ein paar Tagen vorbei. Wir geben ihm heißen Lindenblütentee mit Honig. Mehr braucht es doch gar nicht. Oder was meinst du, Jan?»

Der Prinz nickte und wischte mit dem Handrücken ein bißchen Rotz weg, der ihm aus der Nase floß.

«Du mit deinen Hausrezepten», höhnte der König. «Da kannst du lange warten, bis die nützen.»

Endlich traf der Leibarzt mit seinem Köfferchen ein. Er keuchte und verbeugte sich dreimal vor dem König. «Majestät ... ich saß gerade in der Badewanne und ...»

«Ich verlange, daß du bereit bist, wenn man dich braucht. Verstanden?»

Der Leibarzt setzte mit zitternden Händen seine Brille auf.

«Sehr wohl, Majestät, ich ...»

«Los jetzt, tu endlich deine Pflicht. Siehst du nicht, wie ernst es um den Prinzen steht?»

Der Leibarzt beugte sich über Jan, der mit Decken überhäuft war.

«Na, Prinzchen, wie geht's uns denn?» fragte er. «Streck mal die Zunge heraus!»

Jan gehorchte; die Zunge hatte einen weißen Belag.

«Oha.» Der Leibarzt schüttelte bedenklich den Kopf.

Der Zorn des Königs verwandelte sich sogleich wieder in tiefe Besorgnis. «Was ist es? Was fehlt ihm?»

Der Leibarzt entblößte Jans Brustkorb, behorchte Herz und Lunge, ließ ihn schneuzen und husten.

«Papa», sagte Jan, «Raimund hatte doch auch den Schnupfen. Und die Kinderfrau. Und ...»

31

«Red nicht soviel», unterbrach ihn der König. «Man sieht doch, daß Reden dich anstrengt.» Und an den Leibarzt gewandt: «Heraus mit der Sprache! Was hat er? Sag die Wahrheit!» Er sah den Leibarzt halb drohend, halb flehend an.

Dieser antwortete in feierlichem Ton: «Mit Verlaub, Majestät, es handelt sich um eine Rhinitis vasomotorica.»

«Um Gotteswillen! Was sagst du da? Eine Rhino... Rhina...»

«Eine Rhinitis vasomotorica ...»

«Furchtbar! Entsetzlich! Ist der Prinz überhaupt noch zu retten?»

«Ich schätze», sagte der Leibarzt, «die Lage einerseits als äußerst schlimm ein, andrerseits ist sie auch sehr beruhigend. Wir müssen nur die richtigen Maßnahmen ergreifen. Rstens: Der Prinz braucht kalte Ess... ssigwickel an den Waden, die müssen stündlich gewechselt werden.»

«Oder besser halbstündlich», sagte der König, «das nützt mehr.»

«Wie Sie wünschen, Majestät.» Der Leibarzt verbeugte sich. «Zweitens: Der Prinz muß sechsmal täglich mit Kamillentee gurgeln.»

«Zwölfmal», verbesserte ihn der König. «Wenn er sich dabei nur nicht verschluckt!»

«Drittens: Die Nasengänge des Prinzen müssen stündlich mit Salzwasser gespült werden.»

«Habt ihr gehört?» wandte sich der König an die Diener. «Ihr führt alles haargenau aus.»

«Viertens», sagte der Leibarzt. «Der Prinz muß geriebene Chinarinde schlucken, am besten zusammen mit einem Löffel Lebertran. Dies siebenmal täglich. Fünftens: Der Prinz braucht Wärme und Ruhe. Man vermeide für die nächsten Tage jeden schädlichen Luftzug.»

«Da haben wir's», rief der König. «Die Spaziergänge werden abgeschafft! Endgültig!» – denn inzwischen hatte sich im Schloß die Gewohnheit, die großen E wegzulassen, schon fast wieder verloren.

«Bitte nicht», bat Jan leise.

Erstmals mischte sich Isabella ein. «So etwas Lächerliches! Ihr macht wahrhaftig aus einer Mücke einen Elefanten. Sind Sie wirklich dafür», fragte sie in scharfem Ton den Leibarzt, «die Spaziergänge zu verbieten?»

Der Leibarzt ließ seine Blicke vom König zur Königin wandern. «Einerseits ja, andrerseits natürlich nein. Ich würde sagen, ein *vorläufiges* Verbot wäre der Gesundheit des Prinzen bestimmt zuträglich, und ...»

«Genau», sagte Ferdinand. «Die Spaziergänge sind bis auf weiteres verboten.» Er klatschte in die Hände wie jemand, der eine Schar Hühner vertreiben will. «Sputet euch! Tut, was wir angeordnet haben! Los, los, es geht um ein Menschenleben!»

Die Diener stoben auseinander.

Jan schob den Deckenberg ein wenig zurück und versuchte sich aufzurichten. «Papa», sagte er, «wie lange ist bis auf weiteres?»

«So lange, bis du *vollkommen* gesund bist, mein Sohn. Aber beweg dich um Gotteswillen nicht zuviel.» Er drückte Jan aufs Kissen nieder. Einen Moment lang sträubte sich der Prinz gegen diesen Griff; dann gab er nach und lag mit geschlossenen Augen da.

«Vielleicht werde ich nie mehr richtig gesund», murmelte er.

«Oh doch», sagte Isabella. «Das kriegen wir schon wieder hin.»

«Ob er gesund ist oder nicht, das entscheide ich», sagte Ferdinand.

Da kehrte schon der Hinterhergeher mit einem Krug Kamillentee zurück; ihm auf den Fersen folgte der Lebertranverwalter mit einer Flasche Lebertran und geriebener Chinarinde; der Napfreiniger brachte Salzwasser, und Jan mußte abwechslungsweise gurgeln, schlucken, schwitzen, schneuzen und schnauben; und die Kinderfrau wickelte nasse, nach Essig riechende Tücher um seine Waden, so daß es ihm vorkam, als kröchen Schnecken an ihm hoch.

in welchem der Prinz um Mitternacht
spazieren geht

An den königlichen Befehlen gab es nichts zu rütteln. Auch als der Schnupfen längst ausgeheilt war, mußte Jan im Bett bleiben. Nicht einmal lesen durfte er; es hätte, sagte Ferdinand, seine Augen wieder *röten* können.

«Wie ist es draußen?» fragte Jan eines Morgens Stanislaus und Raimund.

«Draußen?» stotterte Raimund. «Meinst du heute ... oder ganz allgemein?»

«Jetzt gerade. Scheint die Sonne oder regnet es? Zieht doch die Vorhänge zurück, damit ich wenigstens sehen kann, ob es hell ist oder dämmrig.»

«Das dürfen wir nicht», erwiderte Stanislaus. «Befehl des Königs.»

«Wir haben ja kaum mehr Gelegenheit, das Schloß zu verlassen», sagte Raimund, «und so achten wir eigentlich gar nicht auf das Wetter. Außerdem möchte dein Vater, daß wir dieses Thema vorläufig nicht berühren.»

«Ich denke», sagte Stanislaus, «die Jahreszeit dürfen wir erwähnen.»

«Oh ja», sagte Jan. «Ist der Sommer gekommen? Wird das Korn gelb? Blüht der Mohn? Das habe ich nämlich gelesen, daß nach dem Frühling der Sommer kommt.»

«Ich fürchte», sagte Raimund, «auch dieses Gespräch geht schon zu weit.»

«Wir haben Ende Mai», sagte Stanislaus, als hätte er Raimunds Einwand nicht gehört. «Die Tage werden wärmer, das spüre ich sogar hier drinnen. Und bald ist Sommer. Ach ja, da bin ich als Junge draußen herumgestrichen, ganze Nachmittage lang, bis in den lauen Abend hinein, habe am Bach Fische gefangen, bin durchs Wasser geplanscht ...» Er brach ab, als er Raimunds beschwörende Zeichen bemerkte.

«Weiter! Weiter!» bettelte Jan.

«Ich denke ... ich denke, es wird dir zuviel», sagte Stanislaus entschuldigend.

«Ein bißchen Baldrian, das tut dir gut», sagte Raimund und goß aus dem Fläschchen, das stets bereitstand, ein paar Tropfen in einen Löffel; aber er war so nervös, daß er die Hälfte davon verschüttete, und als er Jan, der gehorsam den Mund aufsperrte, den Baldrian einflößen wollte, verschüttete er auch den Rest, so daß er wieder von vorne beginnen mußte.

«Aber die Iche im Hof», sagte Jan, «wie sieht die Iche im Sommer aus?»

«Schön sieht sie aus, sehr schön», antwortete Stanislaus. «Auch wenn sie alt und knorrig ist wie wir.»

«Gibt es Schatten und Licht im Laub? Weißt du, diese goldenen Flecken ... und die Blätter, die sich bewegen ... und es riecht so gut ...»

«Jetzt ist Schluß!» befahl Raimund. «Du gerätst ja außer dich.»

Er führte den Löffel erneut zu Jans Mund, und da der

36

Prinz schluckte und schwieg, bildete er sich ein, der Baldrian tue seine Wirkung.

Doch Jan schwieg aus Vorsicht. Er schlief kaum in dieser Nacht; er hörte die Diener atmen und manchmal schnarchen, und ihm schien, die Eiche rufe ihn: Aus der Dunkelheit leuchteten ihre Blätter, und eine vielstimmige Musik ging von ihnen aus. Irgendwann in dieser Nacht hatte er einen Einfall, der so kühn war, daß er ihn gleich wieder fortscheuchen wollte; doch der Einfall meldete sich stets von neuem, und schließlich entstand daraus ein Plan.

Am Abend gingen die Nebenhergeher und der Wegfreiräumer, die draußen im Gang Wache hielten, endlich weg. Stanislaus und Raimund rückten wie gewohnt ihre Sessel an Jans Bett, zündeten eine Lampe an und stellten sie auf das Tischchen, das zwischen den Sesseln stand.

«Wer fängt an? Du?» fragte Stanislaus schläfrig.

«In Ordnung», sagte Raimund. «Bis Mitternacht. Dann weck ich dich. Aber schnarch nicht wieder so laut.»

«Ich schnarche nie», sagte Stanislaus beleidigt.

Jan wußte, daß sie jetzt noch, wie jeden Abend, eine Tasse Gesundheitstee trinken würden; er würde eine Weile ihr Schlürfen hören, dann wäre alles still.

Kaum hatten sie ihre Tassen vollgegossen, stieß Jan einen Schrei aus. Die Diener fuhren zusammen und blickten verwirrt rundum.

«Dort ... dort ...», rief Jan. «Draußen im Gang ... da hat sich's bewegt ... Ein Dieb! Ein Räuber! Hilfe! Hilfe!»

«Wo? Im Gang? Um Gotteswillen!» Raimund erhob sich, blieb aber wie angewurzelt stehen und versetzte Stanislaus einen Stoß.

«Geh, schau nach. Wir müssen die Palastwache alarmieren.»

«Geh du», sagte Stanislaus mit gepreßter Stimme. «Oder gehen wir beide.»

«Schnell», spornte Jan sie an. «Ich hab's wieder gehört … ein Schlurfen … und ein Klirren wie von Schlüsseln …»

Die beiden Diener stolperten in den Gang hinaus. Jan hörte sie rufen; irgendwo schimpfte ein Soldat. Der Aufruhr pflanzte sich fort bis ins königliche Schlafgemach; von allen Seiten näherten sich Schritte.

Hastig schraubte Jan das Baldrianfläschchen auf, das ebenfalls auf dem Tisch stand, und schüttete dessen Inhalt in die beiden vollen Teetassen. Obgleich er so etwas noch nie gemacht hatte, gingen erstaunlicherweise nur wenige Tropfen daneben. Es gelang ihm sogar, das Baldrianfläschchen wieder an seinen Platz zu stellen, bevor die Soldaten in sein Zimmer stürzten. Ihnen folgten Raimund und Stanislaus, die Nebenhergeher, die in einem Nebenraum geschlafen hatten, und der König im Schlafrock, mit zerzaustem Haar.

Alle scharten sich um Jans Bett. «Was ist geschehen?» fragte Ferdinand mit verängstigtem Blick. «Bist du bestimmt wohlauf, mein Sohn?»

«Ja, Papa.»

«Majestät», sagte Raimund, «es war ein Fehlalarm.»

«Ich bin nur müde und möchte schlafen», sagte Jan.

Der König überlegte ein paar Sekunden; seine Blicke wanderten über die kahlen Wände, von den verhängten Fenstern zur Tür, auf der Suche nach möglichen Gefahren. Was er sah, schien ihn zu beruhigen. «In Ordnung», sagte er. «Wir ziehen uns zurück. Schlaf gut, mein Sohn.»

«Schlaf gut, Papa.» Jan atmete verstohlen auf.

«So eine Aufregung», murmelte Raimund, der wie Stanislaus erneut in seinem Sessel Platz genommen hatte. «Für nichts und wieder nichts.» Er trank einen Schluck Tee, und Stanislaus tat das gleiche.

Raimund hustete und schüttelte sich ein wenig. «Kalt geworden. Das mag ich nicht.»

«Schmeckt merkwürdig bitter heute», sagte Stanislaus. Aber aus alter Gewohnheit tranken beide ihre Tasse leer. Stanislaus gähnte; nach ein paar Minuten war er eingeschlafen. Seine tiefen Atemzüge gingen allmählich ins gewohnte Schnarchen über. Währenddessen kämpfte Raimund darum, wach zu bleiben; doch der Baldrian siegte, und bald schnarchten die beiden zweistimmig.

Angespannt hörte Jan ihnen zu. «Hallo», sagte er leise und wiederholte mit normaler Lautstärke: «Hallo.» Die beiden regten sich nicht.

Jan, der einen blauen Seidenpyjama trug, stieg vorsichtig aus dem Bett. Er wartete, bis ihm nicht mehr schwindlig war; dann verließ er lautlos das Zimmer. Im Gang erkannte er die schwach leuchtenden Fenstervierecke und den Fliesenboden, der sich von den Wänden abhob. Er lauschte. Von den Menschen im Schloß war nichts zu hören; dafür vernahm er Geräusche, die er noch nie gehört hatte, ein Knistern und Säuseln dort, ein Knarren hier. Die Kälte der Steinplatten durchdrang seine nackten Sohlen; dennoch war es angenehm, die kleinen Erhebungen und Rillen zu spüren, die zum Stein gehörten. Jan hatte geglaubt, den Weg zu kennen; doch in der Dunkelheit war er unvertraut, voller unerwarteter Hindernisse. Schritt für Schritt tastete er sich weiter, bis zur Eingangshalle und zum Portal, das in den Innenhof führte. Er versuchte den Querbalken, der die Tür zusperrte, beiseitezuschieben; doch der Balken war zu schwer für ihn. Ein paar Millimeter ließ er sich bewegen; dann blieb er stecken.

Ausgerechnet jetzt, so nah am Ziel, sollte Jan seinen Plan aufgeben? Nein! Rechts vom Portal gab es ein kleines Fenster; aber es war zugenagelt wie alle andern im Schloß. Da muß ich hindurch, dachte Jan. Er wußte aus Büchern, daß Glas zerbrechlich ist und daß man sich an Glassplittern schneiden kann. Er schob den Stuhl, auf dem tagsüber ein Soldat Wache hielt, unter das Fenster. Dann holte er einen Knotenstock, der in einer Ecke stand, und kletterte mit ihm auf den Stuhl. Er holte aus und zerschlug die Scheibe. Das Bersten des Glases war laut wie ein Kanonenschuß. Jan fürchtete, der Lärm werde die Schloßbewohner wecken. Doch alles blieb still. Jan drückte die gezackten Scheibenreste, die in der Fensteröffnung stehen geblieben waren, mit dem Stockknauf hinaus, und trotz seiner Aufregung spürte er die Frische der Nachtluft. Er wand sich durchs Fenster; sein Pyjamaärmel zerriß dabei. Plötzlich stand er geduckt auf dem Fenstersims und hielt sich mit einer Hand am Fensterrahmen fest. Ein paar Schritte weiter drüben stand die Eiche; das Mondlicht spielte mit den Blättern und Zweigen, ließ sie schimmern oder im Schatten verschwinden. Jan zögerte. Das Pflaster unter ihm war mit glitzernden Scherben übersät. Sollte er springen? Das hatte er noch nie getan. Er holte Atem und stieß sich ab. Mit einem Ausruf des Erstaunens landete er auf beiden Füßen. Er knickte ein, taumelte und griff nach rückwärts, um sich abzustützen. Dabei schnitt er sich an einer Scherbe. Zuerst fühlte er nichts außer dem verklingenden Schreck; dann begannen die Fußsohlen und die Hand gleichzeitig zu schmerzen. In den Fußsohlen pochte es dumpf; die Hand brannte. Aus der Schnittwunde quoll Blut, das im Mondlicht beinahe schwarz aussah. Verwundert schaute Jan zu, wie da etwas Flüssiges aus ihm herausrann; beinahe vergaß er darüber den

Schmerz. Er leckte das Blut von der Wunde; es schmeckte warm und salzig. Nach kurzer Zeit floß es spärlicher, stockte schließlich, genau wie es in Büchern beschrieben war; auch der Schmerz legte sich.

Jan ging auf die Eiche zu. Dem Ziehbrunnen wich er aus. Unbekannte Gerüche, süße und betäubende, stiegen ihm in die Nase; Blumen und Büsche mußten in der Nähe blühen, und Jan wünschte sich, sie bei Tag kennenzulernen. Die Eiche zog ihn an. Er legte die unverletzte Hand auf die Rinde und spürte, wie rauh sie war. Zu seinen Füßen krochen die armdicken Wurzeln wie glänzende Schlangen in die Erde hinein; über seinem Kopf breitete sich das Blätterdach aus.

«Ich will diese Nacht bei dir bleiben, liebe Iche», sagte Jan.

«Ich habe schon immer die kleinen Prinzen beschützt», wisperte die Eiche. «Aber such dir doch einen bequemeren Platz.»

«Wo?» fragte Jan. «Auf dir oben?»

«Ja. Klettere an mir empor. Ich zeige dir wo.»

«Ich kann nicht klettern, liebe Iche. Ich habe das nie geübt.»

«Klettern ist nicht schwer. Ich helfe dir. Sieh nur.» Die Eiche senkte einen Ast bis vor Jans Gesicht, so daß er nur nach ihm zu greifen brauchte.

«Zieh dich in die Höhe», sagte die Eiche.

Ohne zu begreifen, wie es kam, saß Jan plötzlich rittlings auf dem Ast; und nun zog er sich hinauf zum nächsten, und so kletterte er durchs Blätter- und Zweiggewirr immer weiter in die Krone hinauf.

«Schau dich um», sagte die Eiche, «hier ist dein Ausguck.» Jan war bei einer Astgabel angelangt, wo ein kräftiger Ast aus dem Stamm herauswuchs, so daß sich ihm ein bequemer Sitz anbot. Jan setzte sich mit dem Rücken gegen den Stamm und ließ die Beine baumeln.

Weit dehnte sich das mondbeschienene Land vor ihm. Verstreut standen die dunklen Häuser unter dem Schloßberg; nur in zweien brannte noch Licht.

«Gefällt es dir?» fragte die Eiche.

«Ich möchte ins Land hineinlaufen», sagte Jan, «immer weiter, bis ans Ende der Welt.»

«Und dann?»

«Dann wäre ich glücklich.»

«Ich bin hier festgewurzelt, ich könnte nicht mit dir kommen.»

«Ich würde eine Handvoll Icheln mitnehmen und sie am Ende der Welt in die Erde stecken.»

«Das weißt du, daß man das kann?»

«Ich habe es in meinen Büchern gelesen.»

Wolken trieben am Mond vorbei. Jan fröstelte. Da bog die Eiche ein paar dichtbelaubte Zweige um ihn herum.

«Etwas riecht so süß», sagte Jan.

«Das ist mein Freund, der Flieder, der blüht jetzt neben der Küche.»

«Ja», sagte Jan, «Flieder, den gibt es. Und Jasmin. Und Lilien. Das sind die Namen, die mir am besten gefallen.»

«Ich selber bin zu alt, ich blühe nur noch jedes vierte Jahr.»

Sie schwiegen eine Weile. Die Hunde, die gebellt hatten, waren verstummt; dafür quakte im Schloßgraben verschlafen eine Ente, und ein Nachtvogel flog mit leisem Flügelschlag vorbei.

Jan rieb sich die Augen und gähnte. «Ich bin müde, liebe Iche», sagte er.

«Dann schlaf», sagte der Baum.

«Hier oben?»

«Gewiß, ich lasse dich nicht fallen.»

Jan schloß die Augen. Um ihn waren raschelnde Blätter,

43

Zweige, die ihn sachte berührten; seinen Rücken stützte ein starker Stamm, und über ihm wölbte sich, weiter und größer als jedes Dach, der Himmel.

Ein Kitzeln weckte Jan; es war ein Zweig, der über sein Gesicht strich. Jan brauchte ein paar Sekunden, bis er wieder wußte, wo er war; dann hielt er sich erschrocken an seinem Sitz fest, und gleichzeitig spürte er die Steifheit seiner Glieder. Vor seinem Gesicht war immer noch die Laublücke, durch die er ins Land hinaussehen konnte. Am Horizont war es heller geworden. Der Mond begann zu verblassen. Über den Wiesen standen kleine Nebelschwaden; ringsum zwitscherten die Vögel.
«Sobald die Sonne aufgeht», sagte die Eiche, «muß ich verstummen. Ich rede nur nachts.»
«Was soll ich tun, wenn du schweigst?» fragte Jan.
«Tu, was du willst. Tu, was du kannst.»
«Wie soll ich das wissen, wenn's mir niemand sagt?»

Im selben Augenblick stieg zwischen rotglühenden Wolken die Sonne empor, und das Leuchten, das von ihr ausging, erfaßte die Wiesen und Äcker und spiegelte sich im Fluß.
Die Zweige, die Jan beschützt hatten, wichen zurück, das Wispern in seinen Ohren erstarb. Seine Füße waren gefühllos vor Kälte. Er blieb sitzen und wartete darauf, daß die Sonne ihn wärme. Er hörte, wie das Schloß erwachte. Im Stall schnaubten und wieherten die Pferde; ein Knecht maulte verschlafen vor sich hin; aus der Küche ertönte das Klappern von Töpfen und Tellern. Was jetzt? Sollte er hinunterklettern, sich ins Bett zurückschleichen? Jan blickte in die Tiefe; ihm schwindelte. Er streckte ein Bein aus und versuchte, einen der untern Äste zu erreichen.

Die Angst, loszulassen und zu fallen, machte seine Glieder plump und unbeweglich.

«Warum hilfst du mir nicht?» fragte er und rüttelte zornig an einem Zweig. Doch die Eiche schwieg. Soll ich um Hilfe rufen? fragte sich Jan. Dann werden sie mich herunterholen, und Papa wird mir verbieten, je wieder meine Iche zu sehen, und sie werden mich in meinem Zimmer einsperren und nie mehr herauslassen. Nein, ich bleibe hier. Wenn's dunkel wird, kann mir die Iche weiterhelfen. Oder vielleicht fällt mir selber etwas ein.

Unterdessen tat ihm auch der Rücken weh; er fror immer noch, obschon er jetzt die Sonne auf seinem Gesicht spürte. Er hatte Durst, er leckte den Tau von ein paar Blättern. Der Geschmack war angenehm, ganz anders als der des Wassers, das er sonst trank.

*in welchem Stanislaus und Raimund keinen
Ausweg mehr sehen und Isabella ihren Mann
verlassen will*

Da stimmt doch etwas nicht, dachte Raimund, als er in
seinem Sessel erwachte. Wie kommt es, daß wir beide geschlafen haben, statt … Und der Prinz? Wo ist denn der
Prinz? Er blinzelte zu Jans Bett hinüber. Die Decken waren nachlässig zurückgeschlagen und bildeten einen lockeren Haufen.

«He, Jan», sagte Raimund, «kriech hervor, du willst uns
erschrecken, nicht wahr?» Er stand steifbeinig auf und tastete die Decken ab. «Jan, wo hast du dich versteckt?»
Ächzend kniete er nieder und spähte unters Bett. Doch
da war Jan auch nicht.

«Jetzt ist es genug, komm sofort heraus!» Nichts geschah.
Raimund stolperte zu Stanislaus und rüttelte ihn wach.
«Der Prinz! Der Prinz ist weg! Mein Gott, hilf mir, wir
müssen etwas tun.»

«Die Soldaten alarmieren, den König …», stotterte Stanislaus.

«Geh du, sag's du ihm.»

«Nein, du.»

Sie stießen einander in den Gang hinaus, wandten sich planlos in die eine und in die andere Richtung.

«Was ist denn hier los?» Plötzlich stand der König in seinem roten Morgenrock unter der Tür des Schlafgemachs. Raimund und Stanislaus erstarrten.

«Maj... Majestät ...» Die Stimme drohte Stanislaus zu versagen.

«Der Prinz ... der Prinz ...» Raimunds Augen füllten sich mit Tränen.

«Was ist mit ihm? Ist er krank?»

«Er ... er ist verschwunden», sagte Stanislaus.

Der König rang um Atem. «Das werdet ihr mir büßen!» brachte er hervor. «Dafür lasse ich euch in den Kerker werfen!» Er polterte in Jans Zimmer, er durchsuchte das leere Bett, hob es in die Höhe, ließ es auf die Füße zurückknallen. Da erschien auch die Königin mit aufgesteckten Haaren im Gang. «Was soll denn dieser Lärm», sagte sie tadelnd. Aber als sie die totenblassen Gesichter der Diener sah, folgte sie ihrem Mann in Jans Zimmer. Man hörte sie erregt miteinander reden; dann kamen sie heraus. «Großalarm», verkündete der König. «Befehlsausgabe im Thronsaal. Wer trödelt, wird bestraft.»

Ein Soldat schlug zehnmal auf den Gong beim Hauptportal, und wer Beine hatte, fand sich so rasch wie möglich im Thronsaal ein; als letzter erschien, seinen Gürtel schnürend, der Leibarzt.

«Der Prinz, mein geliebter Sohn», sagte schwer atmend der König, «ist verschwunden ... Wir befürchten das Schlimmste ... Ja, wir dürfen auch ein Verbrechen nicht ausschließen ...»

«Majestät», meldete sich die Köchin Marie zu Wort, «vielleicht ist er bloß weggelaufen. Kinder laufen manchmal von zu Hause weg, aus Abenteuerlust, na ja, oder weil sie etwas ausgefressen haben und die Strafe fürchten.»

«Ausgeschlossen!» sagte der König. «Ein Prinz läuft nicht einfach weg! Niemals! Er hat ja gar keinen Grund dazu.» Er schnupfte in sein Taschentuch und fuhr mit erhobener Stimme fort: «Das Schloß wird von oben bis unten durchsucht! Den Befehl übernimmt der Hauptmann Roderick.»

Eine Stunde verging. Da wurde endlich festgestellt, daß das Fenster neben dem Portal zum Innenhof aufgebrochen war; man fand Glasscherben draußen und drinnen; der Leibarzt bezeichnete ein paar dunkle Flecken auf den Pflastersteinen als geronnenes Blut.

«Also doch!» Ferdinand schlug sich in der Halle anklagend vor die Stirn. «Da haben wir den Beweis: Mein Sohn ist entführt worden! Durch dieses Fenster haben sie ihn gezerrt!»

Die ganze Dienerschaft war vor dem Portal versammelt und starrte zum Fenster hinauf.

«Mit Verlaub, Majestät», sagte Stanislaus. «Die meisten Scherben liegen draußen, und das deutet darauf hin, daß das Fenster von innen aufgebrochen wurde.»

«Was willst du damit sagen?» brauste der König auf. «Daß du glaubst, der Prinz habe ein Fenster eingeschlagen?»

«Ich ... äh ...», Stanislaus knetete verlegen seine Hände. Raimund bot seinen ganzen Mut auf. «Wir ... wir sollten diese Theorie nicht ausschließen», sagte er. «Es könnte sein, daß der Prinz uns eingeschläfert hat, um uns zu entwischen.»

«Eingeschläfert?» Isabella zog die Augenbrauen hoch.

«Mit Baldrian», sagte Stanislaus. «Das Fläschchen ist nämlich leer.»

«Wir vermuten», ergänzte Raimund, «daß der Inhalt in unsern Abendtee geschüttet worden ist. Deshalb ...»

«Und so was soll mein Sohn getan haben?» schrie der König. «Das ist eine himmelschreiende Verleumdung! Hinaus mit euch! Ich will euch nicht mehr sehen!»

«Majestät», sagte Raimund mit Tränen in den Augen und verbeugte sich linkisch. «Wir bitten ehrerbietigst um Verzeihung. Aber ...»

«Hinaus!» wiederholte der König. «Und bringt mir den Prinzen lebendig zurück, sonst geht's euch an den Kragen.» Er schwankte; man schob ihm einen Stuhl hin; der Leibarzt besprühte ihn aus einem silbernen Flakon mit Rosenwasser.

«Auspeitschen», murmelte der Hauptmann Roderick. «Auspeitschen, dann würden sie endlich gehorchen lernen.»

Jan saß auf dem Baum. Er wußte, daß sich im Schloß seit Stunden alles um sein Verschwinden drehte. Jetzt haben sie wenigstens einen Grund, sich um mich zu sorgen, dachte er trotzig. Aber sein Rücken schmerzte immer stärker; jeder Muskel tat ihm weh. Zudem hatte er Hunger; sogar der Brei, den er sonst mit Abscheu aß, wäre ihm jetzt willkommen gewesen. Nein, ich rufe nicht um Hilfe, dachte er. Ich bleibe hier! Und er schaute über die Schloßmauern hinweg ins offene Land hinaus.

Da hörte er die schwere Tür in den Angeln quietschen; Raimund und Stanislaus traten heraus. Sie wirkten verzweifelt und erschöpft. Stanislaus setzte sich auf den Brunnenrand. Eine Weile schwiegen sie; doch von dem, was sie nachher sagten, verstand Jan, fünfzehn Meter über ihren Köpfen, jedes Wort. «Es ist aus mit uns», klagte Raimund. «Wir können ebensogut in den Brunnen springen.»

Stanislaus packte ihn am Arm. «Mach keine Dummheiten.» Raimund lachte bitter. «Der König hat ja recht. Wir haben beide jämmerlich versagt. Entweder wir schaffen ihn wieder herbei, oder wir landen im Kerker. Stell dir vor, kein Licht, nur Ratten und Ungeziefer. Und für unsere alten Knochen nichts als ein Bündel Stroh. Ich hätte mir wahrhaftig ein anderes Lebensende gewünscht.»

Da hielt es Jan droben auf der Eiche nicht mehr aus. «Hier bin ich», rief er, ohne sich zu besinnen. «Hier oben.» Raimund schreckte zusammen und zog Stanislaus am Ärmel. «Hast du gehört? Das war doch ... nein, unmöglich ...» Seine Blicke wanderten ratlos über den Hof, die Mauern hinauf und hinunter.

«Oben auf der Iche bin ich», schrie Jan. «Ihr müßt mich herunterholen.»

Die beiden Diener starrten einander an; sie traten ein paar Schritte zurück; sie legten die Köpfe in den Nacken und schauten zur Krone hinauf. Wahrhaftig, zwischen den Blättern, weit oben, in schwindelnder Höhe, war Jans blasses Gesicht zu sehen.

«Beweg dich nicht ...», stotterte Stanislaus. «Beweg dich bitte nicht, um keinen Millimeter. Du könntest herunterfallen.» Er rang die Hände.

«Wir brauchen eine Leiter», sagte Raimund. «Ja, eine Leiter», wiederholte Stanislaus. Raimund überlegte fieberhaft. «Bei den Ställen glaube ich ... nein, im Werkzeugschuppen muß eine stehen. Komm, rasch, rasch.»

Wie ein Lauffeuer verbreitete sich das Gerücht im Schloß, der Prinz sei gefunden worden, und zwar auf dem Dach, nein, im Schloßgraben, nein, im Brunnen, nein, das Unglaublichste von allem: auf der Eiche.

Diener und Soldaten liefen im Hof zusammen; das Königspaar wurde benachrichtigt. Die Rettungsaktion kam in Gang.

Als die Leiter endlich da war, stieg der Treppenhochträger ins Eichengeäst hinauf und holte den Prinzen herunter. Ferdinand drohte in Ohnmacht zu fallen und mußte ein weiteres Mal mit Rosenwasser besprüht werden. Isabella, die neben ihm stand, biß sich vor Anspannung auf die Lippen, sagte aber kein Wort. Drei, zwei Sprossen noch, die letzte, dann stand der Treppenhochträger auf festem Boden, und Isabella nahm den Prinzen in die Arme.

«Jan, mein Junge», sagte sie, «mein Gott, wie hast du uns geängstigt!»

Doch da beugte sich schon der König über seinen Sohn. «Nichts gebrochen? Alle Glieder heil?» fragte er. «Man muß dich sogleich von Kopf bis Fuß untersuchen.» Er entdeckte den Schnitt an Jans Hand. «Hab ich's nicht geahnt? Er ist schwer verletzt! Was haben sie ihm nur angetan!» Seine Blicke suchten den Leibarzt. «Sag die Wahrheit, wird er überleben?»

«Die Aussichten sind günstig, Majestät», erwiderte der Leibarzt. «Wir müssen desinfizieren, ein paar Salben applizieren, möglicherweise ein bißchen operieren.»

«Operieren?» schrie der König. «Ich hab's doch gewußt!»

«Es tut ja gar nicht mehr richtig weh», sagte Jan.

«Davon verstehst du nichts. Los, Leibarzt, nimm ihn in die Kur. Und wehe, wenn du pfuschst!»

Jan wurde auf die Bahre gebettet, in fünf Decken gewickelt und ins Untersuchungszimmer getragen. Dort machte sich der Leibarzt mit vier Helfern an ihm zu schaffen. Jan wurde mit Jod bepinselt; nicht nur die Hand, sondern der ganze linke Arm wurde verbunden und in eine Schlinge gelegt; das Knie erhielt ein riesiges Pflaster, und sicherheitshalber wand der Leibarzt eine weitere

51

Rolle Gaze um Jans Kopf. Zuletzt sah Jan mit seinen Bandagen tatsächlich wie ein Schwerverletzter aus. Er mußte zehn Löffel Lebertran schlucken, dann brachte man ihn zurück in sein Zimmer, und der König, der dem Zug vorausging, verscheuchte persönlich Raimund und Stanislaus, die draußen im Gang mit grauen Gesichtern warteten.

Erst als Jan schwitzend unter seinen Decken lag, duldete es Ferdinand, daß auch Isabella ans Krankenbett trat.

«Jetzt erzähle mir der Reihe nach, was geschehen ist», sagte der König. «Wie sahen die Entführer aus? Wie haben sie dich auf den Baum hinaufgebracht? Ich gebe deine Beschreibung an Roderick weiter, und bei Gott, er wird sie finden!»

«Mich hat niemand entführt, ich bin von allein gegangen.»

«Wie? Was?» Ferdinand machte ein dummes Gesicht.

«Ich habe Stanislaus und Raimund Baldrian in den Tee gegossen. Sie können nichts dafür. Du darfst sie nicht in den Kerker werfen.»

«Aber warum in Dreiteufelsnamen …?» Ferdinand schob die verrutschte Krone zurecht.

«Versprich mir», sagte Jan, «daß du sie nicht in den Kerker wirfst.»

«Gut, einverstanden. Man sagt vieles im Zorn. Aber ich will wissen, weshalb du uns diesen üblen Streich gespielt hast.»

«Einfach so.» Jan preßte die Lippen zusammen und schwor sich, nicht mehr zu verraten als das Nötigste.

«Einfach so», knurrte der König. «Einfach so ein Fenster einschlagen. Einfach so auf einen Baum klettern. Was fällt dir eigentlich ein? Zehnfach hättest du dabei umkommen können!»

«Ich … ich habe aber aufgepaßt, Papa.»

«Nein, du hast bewiesen, daß du gerade das nicht kannst.»
«Sei nicht so streng mit ihm», sagte die Königin. «Alle Kinder machen irgendwann eine Dummheit.»
«Aber nicht mein Sohn.» Ferdinand verschränkte die Arme über der Brust.
«Von der Iche aus», sagte Jan, «sieht man die Wiesen, die Wälder, den Himmel.»
«Dafür hast du doch deine Bilderbücher, da kannst du Wiesen und Wälder anschauen, so lange du willst. Was wünschst du dir denn? Noch größere und buntere Bücher mit noch größeren Bildern? Die kannst du haben!»
Jan schüttelte den verbundenen Kopf. «Ich möchte lieber jeden Tag spazierengehen.»
«Kommt nicht in Frage!» rief der König. «Jetzt überprüfen wir zuerst, ob du bleibende Schäden davonträgst. Bis wir das wissen, rührst du dich nicht von der Stelle.»
«Ach, Ferdinand», sagte Isabella.
«Nein, nein, schon einmal habe ich dir nachgegeben. Aber jetzt wird durchgegriffen. Ich werde verhindern, daß der Thronfolger nochmals so leichtfertig sein Leben aufs Spiel setzt.»
«Und wie willst du das tun? Indem du ein weiteres Dutzend Wächter anstellst?»
«Das genügt nicht. Als erstes lasse ich alle Fenster im Schloß vergittern. Als zweites wird eine neue Mauer rund ums Schloß gebaut, doppelt so hoch wie die alte. Da soll jemand noch versuchen, ein- oder auszubrechen.» Ferdinand lachte hämisch.
«Mann, willst du das Schloß in ein Gefängnis verwandeln?»
«Ich tue, was ich tun muß.»
«Ich will aber spazierengehen», sagte Jan hartnäckig. «In den Hof und auch weiter.»

«Darüber entscheide ich später. Habe ich's nicht deutlich genug gesagt? Als drittes ordne ich an, daß die Iche im Hof gefällt wird.»

Alles Blut wich aus Jans Gesicht. Er schlug die Decke zurück und richtete sich auf. «Nein», sagte er tonlos, «das tust du nicht.»

Dem König verschlug es die Sprache. «Du wagst es», sagte er, als er sich wieder gefaßt hatte, «du wagst es, dich mir zu widersetzen? Leg dich schleunigst wieder hin, verstanden!»

Doch Jan gehorchte nicht; seine Augen glühten. «Du darfst der Iche nichts tun.»

«Sie ist zu gefährlich für dich. Sie wird uns prächtiges Brennholz liefern.»

«Nein!» schrie Jan, und die Tränen flossen aus seinen Augen.

Isabella wollte ihn beruhigen und ihre Hand auf seine Stirn legen; doch Jan stieß sie weg und starrte seinen Vater an.

Der König zwinkerte. «Wenn ich sage, daß etwas getan wird, dann wird es getan. Noch heute lasse ich den Baum fällen!» Und er klatschte in die Hände, um die Diener herbeizurufen.

«Nein, das tust du nicht!» Jan – niemand hätte ihm diese Gewandtheit zugetraut – sprang wie eine Katze auf den Vater los und warf ihn, die Überraschung ausnützend, zu Boden. «Ich hasse dich, ich hasse dich!» schrie er und trommelte mit beiden Fäusten auf ihn ein.

«Hilfe», keuchte Ferdinand. «Er ist tobsüchtig geworden, er phantasiert.» Er versuchte Jans Hände festzuhalten und rief nach dem Leibarzt, den Dienern.

Isabella gelang es, den Jungen vom Vater wegzureißen. Sie drückte ihn mit beiden Armen an sich und ließ ihn nicht mehr los, so sehr er auch strampelte.

Während der König sich aufrappelte, stürzten Stanislaus und Raimund zur Tür herein; ihnen folgte ein Schwarm weiterer Diener, und bereits hörte man den Marschtritt der Soldaten.

«Majestät», stotterte Raimund. «Sie haben gerufen … Was befehlen Sie?»

Der König klopfte sich mit zitternden Händen den Staub vom Mantel und setzte sich die Krone wieder auf.

«Schick sie weg», sagte Isabella zu ihrem Mann.

Da drängte sich, wie immer als letzter, der Leibarzt herein. Man hatte ihn aus dem Bett geholt. Die eilig aufgestülpte Perücke war ihm übers linke Ohr gerutscht, und er hatte in der Eile nur den einen Kniestrumpf hochgerollt.

«Wie denn?» rief er, als er Jan ins Auge faßte. «Ist es schlimmer geworden?»

«Er hatte einen Anfall», sagte der König heiser.

«Dann braucht er eine Beruhigungsspritze.»

«Ja.» Der König hustete, und sein Gesicht lief dabei rot an. «Genau das habe ich mir gedacht.»

«Schick sie weg», unterbrach ihn Isabella. «Schick sie alle weg. Ich habe mit dir zu reden.» Ihre Stimme klang so entschlossen wie noch nie.

«Nun gut. Geht schon, geht. Ihr habt's gehört. Die Königin und ich besprechen geheime Staatsgeschäfte. Aber bleibt in der Nähe, damit ihr zur Hand seid, falls …» Er stockte und griff sich ans Herz. «Das gilt auch für die Soldaten.»

Die Diener gingen hinaus; der König sank auf einen Sessel. «Nun? Willst du etwa diesen … diesen Aufrührer verteidigen?»

«Ja, das will ich.»

«Weißt du, was mein Vater und mein Großvater mit einem

Aufrührer gemacht hätten? Sie hätten ihn bei Wasser und Brot in Arrest gesetzt.»

«Er hat recht», sagte Isabella und strich über Jans Kopf. «Du darfst die Eiche nicht fällen.»

Der König straffte sich in seinem Sessel. «Ich bin der König. Ich kann jeden Baum fällen lassen, den ich fällen lassen will.»

«Aber diesen einen nicht», sagte Isabella. «Die Eiche gehört zum Schloß. Sie ist mindestens dreihundert Jahre alt. Seit ich hier bin, höre ich nachts, wie der Wind durch ihre Zweige rauscht. Ich habe sie liebgewonnen. Und das hat auch Jan.»

«Und ich sage: Sie muß verschwinden!»

«Ich sage: Sie bleibt stehen!»

Der König und die Königin maßen einander mit zornigen Blicken, und Jan verbarg sein Gesicht in den Falten des Seidenkleides, das Isabella trug.

«Morgen früh», sagte starrsinnig der König, «gebe ich den Befehl.»

«Wenn du das tust», erwiderte Isabella, «laufe ich dir davon. Und diesmal ist's mir ernst. Jan kommt mit mir, da kannst du Gift darauf nehmen.»

«Das ist also der Dank für das angenehme Leben, das du hier führst. Geh nur, geh! Spätestens an der Grenze wirst du verhaftet und mit Schimpf und Schande zurückgebracht. Du entkommst mir nicht, niemand entkommt mir in diesem Land!»

«Du täuschst dich, Mann. Es gibt Leute hier, die mir im Notfall helfen würden.»

«Wer denn? Wer?» Der König schnaufte vor Ärger.

«Ich wäre ja dumm, dir das zu verraten. Aber ich hoffe immer noch auf deine Vernunft.»

«Nein. Wenn ich dir nachgebe, endet es damit, daß du unsern Sohn wie einen Dorfjungen in Dreck und Staub herumtollen läßt.»

«Wenn ich dir nicht widerspreche, endet es damit, daß unser Kind in diesen ungelüfteten Sälen allmählich erstickt.» Isabella half Jan, der sich nicht mehr sträubte, auf die Beine und führte ihn zum Bett zurück, wo er sich sogleich hinlegte und die Augen schloß. «Schlaf jetzt», sagte sie. «Du bist todmüde.» Und zu Ferdinand gewandt: «Wir sprechen bei uns drüben weiter. Und zwar so lange, bis wir uns geeinigt haben.» Sie breitete eine Decke über Jan und strich sie glatt. «Eine genügt ja wohl bei dieser Temperatur.»

Der König wollte wieder aufbegehren; aber Isabella legte einen Finger auf seine Lippen. «Nicht hier. Laß ihn jetzt schlafen.»

Und damit schob sie Ferdinand aus dem Zimmer.

7. Kapitel

*in welchem ein Gerüst gebaut wird und Sophie
mit ihrem Vater über den Prinzen spricht*

Jan erwachte mitten in der Nacht. Auf dem Tisch vor
seinem Bett brannte wie gewohnt eine Lampe. In den Sesseln saßen Raimund und Stanislaus. Aber sie schliefen
nicht; mit allen Mitteln versuchten sie, sich wachzuhal-
ten. Außerdem standen zwei Soldaten in der Tür, die ih-
rerseits die beiden Diener bewachten.

Was Jan aber geweckt hatte, waren die streitenden Stimmen von nebenan. Nur manchmal verstand er ein Wort
oder erriet er den Sinn eines Satzes; aber er kannte den
Klang der Stimmen, und er wußte, worüber sie stritten.
Wenn sie mir nur meine Iche lassen! dachte er. Und er
stellte sich vor, wie es sein würde, wenn sich am Morgen
die Säge in ihren Stamm fräße, wenn der Baum fiele.
Nein, dachte er, das halte ich nicht aus; lieber will ich
sterben.
Er lag wach, bis hinter den gezogenen Vorhängen die
Dämmerung begann. Dann fielen ihm nochmals die Augen
zu, und als er sie wieder aufschlug, standen die Eltern an

seinem Bett. Ihre Gesichter waren übernächtigt; sie kamen ihm alt und fremd vor. Nur daß der Vater vom Zwetschgenkompott einen blauverschmierten Mund hatte, war ein vertrautes Zeichen.

«Hast du gut geschlafen?» fragte Isabella.

Jan nickte.

«Hast du Durst?»

Jan schüttelte den Kopf, obgleich er gerne ein Glas Wasser getrunken hätte.

«Er fiebert», sagte der König, der seinen Sohn scharf beobachtete. «Das ist gar nicht gut.»

«Er hat geschwitzt in der stickigen Luft», entgegnete Isabella.

Beide schwiegen eine Weile, und Jan spürte, wie sich sein Herzschlag beschleunigte. «Habt ihr ... wollt ihr ...»

Isabella lockerte ein wenig Jans Kopfverband. «Dein Vater und ich haben uns geeinigt. Die Ei... die Iche bleibt stehen.»

«Wirklich?» Jans Augen weiteten sich.

«Die Iche bleibt stehen», entgegnete Ferdinand. «Aber ich lasse rund um sie eine Wendeltreppe zimmern, und die wird zu einer Plattform führen, die sich auf der Höhe des Wipfels befindet. Von dort aus kannst du meinetwegen die Aussicht bestaunen. So werden die Gefahren auf ein Minimum beschränkt. Sobald du *vollkommen* wiederhergestellt bist – und dafür wird mir der Leibarzt bürgen –, gestatte ich dir alle zwei Wochen einen Ausflug auf die Plattform. Dabei werden dich zu deinem Schutz sämtliche Diener begleiten.»

«Aber die neue Mauer», sagte Jan, «du willst doch eine neue Mauer bauen, doppelt so hoch wie die alte. Wird sie mir nicht den Blick versperren?»

«Du wirst gerade noch über sie hinwegsehen können.»

«Und ... und der Iche geschieht nichts?»

«Nun ja, ein paar störende Äste müssen wir wohl absägen. Aber das schadet ihr nicht, das gibt ihr ... wie soll ich sagen ... ein abgerundetes Aussehen.»

Jan versuchte zu protestieren; doch der König fuhr mit erhobener Stimme fort: «Vorstehende Äste sind sowieso überflüssig und gefährlich.» Er stockte und packte Isabella am Ärmel. «Sieh nur, der Prinz hat rote Wangen! Das Fieber ist bestimmt weiter gestiegen!» Er klatschte in die Hände. «Der Leibarzt, rasch! Wo ist der Leibarzt?»

«Ach was», sagte die Königin. «Das macht die Aufregung. Oder die Freude. Nicht wahr, Jan?» Und während der König, nach dem Leibarzt rufend, hinauseilte, fügte sie bei: «Was für ein Starrkopf! Und immer gleich beleidigt. Ach Gott, Männer sind eben so. Ein Wunder, daß er überhaupt nachgegeben hat. Ich weiß, mein Junge, wahrscheinlich müßte ich mich heftiger wehren für dich. Aber dann hätten wir Tag und Nacht nur noch Streit. Und daß ich das nicht will, verstehst du doch, nicht wahr?»

Jan schwieg und versuchte zu lächeln.

Was der König angekündigt hatte, geschah. Die Fenster im ganzen Schloß wurden vergittert, eine neue Mauer, doppelt so hoch wie die alte, wurde gebaut; die Eiche verschwand hinter einem Holzgerüst, in dem sich eine Wendeltreppe verbarg.

Das alles kostete eine Menge Geld, und Ferdinand erhöhte ein weiteres Mal die Steuern. Außerdem mußten die Männer von Zipfelland tageweise beim Bau der Mauer mithelfen.

«Das geht nun doch zu weit», erklärte Otto, der königliche Kompottlieferant, als er nach einem solchen Tag heimkehrte. «Den ganzen Tag Steine schleppen. Dazu

Rodericks Soldaten, die einen schikanieren. Und alles nur wegen dieses Zierbengels!»

«Er kann doch nichts dafür», sagte seine Frau.

«Natürlich nicht. Aber er ist schon genauso verhaßt wie sein Vater.» Otto betrachtete seine Hände; sie waren schmutzig und von Blasen bedeckt. «Der König stiehlt uns unsere Zeit, und dazu will er noch höhere Steuern!»

«Papa, wasch dir die Hände am Brunnen», sagte Sophie. «Und dann zieh dir frische Hosen an. Sonst setz ich mich nicht auf deine Knie.»

«Gutgut», sagte Otto verblüfft. Er stand auf und tätschelte Sophies Krauskopf. Sie wich ihm lachend aus. Otto haschte nach ihr. Sophie rannte quer durch die Stube und floh, von Otto verfolgt, ins Freie. Otto blieb beim Brunnen stehen, während Sophie zwischen den Latten des Gartenzauns hervorspähte. Otto tauchte Kopf und Hände ins Wasser; dann schüttelte er sich wie ein nasser Hund und versuchte Sophie anzuspritzen. Doch die kauerte hinter dem Zaun und sah, wie die Tröpfchen im Sonnenlicht glitzerten. «Frieden», schlug sie vor.

«Einverstanden.»

Sophie kletterte über den Zaun und setzte sich auf den Brunnenrand.

«Was machen die Bäume?» fragte Otto.

«Ich habe bei den zwei dünnsten die Erde gelockert. Mama sagt, die Ernte wird gut.»

«Hoffentlich. Der König will wieder seine tausend Gläser. Und er zahlt den gleichen Preis wie vor zehn Jahren. Da scheiß ich auf die Ehre, Hoflieferant zu sein!»

«Sag mir, wie der Prinz heißt», sagte Sophie.

«Jan, das weißt du doch, Prinz Jan. So hat noch keiner unserer Könige geheißen. Die hießen Ferdinand und William, aber doch nicht Jan. Im Schloß dreht sich alles nur noch um ihn! Und nicht nur im Schloß, in ganz Zipfelland!» Otto äffte die Stimme einer besorgten Kinderfrau nach: «Mein Gott, ein Lüftchen, das könnte ihm schaden! Mein Gott, ein Steinchen, da könnte er drauftreten!» Er nahm den grollenden Tonfall des Königs an: «Eine Mauer will ich, damit er nicht wegläuft! Vergitterte Fenster, damit er nicht hinausfällt!» Und mit seiner eigenen Stimme fuhr er fort: «Wie soll so einer, den man immer in Watte gepackt hat, später einmal regieren?»

«Ist Regieren nötig?» fragte Sophie und klopfte mit ihren Fersen gegen den Brunnentrog.

«Nun ja. Wir sind halt ans Regiertwerden gewöhnt. Und einer muß ja regieren. Das war schon immer so.»

«Kann auch eine Prinzessin regieren?»

«Eine Prinzessin haben wir gar nicht.»

Sophie spitzte die Lippen und pfiff ein paar Töne.

«Ich schau mir noch die Bäume an, bevor es dunkel wird», sagte Otto.

Der Obstgarten war eine gute Strecke vom Haus entfernt. Sophie und Otto mußten eine Wiese und dann einen Bach überqueren; schweigend gingen sie nebeneinander her.

«Ich möchte Prinz Jan einmal sehen», sagte Sophie plötzlich.

«Da kannst du lange warten», sagte Otto. «Von uns hat ihn noch keiner zu Gesicht bekommen.»

«Hat er schwarze oder blonde Haare?»

«Blaß ist er und dünn, heißt es. Er soll sich kaum aufrechthalten auf seinen Steckenbeinchen.»

«Vielleicht würde er mit mir reden. Oder spielen. Die Jungen aus dem Dorf sind manchmal so grob. Und sie reden eigentlich nur dummes Zeug.»

«Das schlag dir aus dem Kopf. Prinzen spielen nur mit ihresgleichen. Und unser Prinz spielt mit keinem. Er könnte sich wehtun dabei. Oder sich die Hände beschmutzen. Schrecklich, nicht wahr?»

«Na ja», murmelte Sophie und dachte an ihre schwarzen Fingernägel.

Vor ihnen standen die Bäume, Zwetschgenbäume hauptsächlich, aber auch ein paar Kirsch-, Apfel- und Birnbäume. Einige blühten noch und sahen von weitem aus wie Wattekugeln.

Sophie rannte auf den alten Birnbaum zu, an dessen kräftigstem Ast eine Schaukel befestigt war. Sie setzte sich aufs Schaukelbrett, stieß sich mit beiden Füßen ab und brachte sich allmählich in Schwung. «Papa», rief sie. «Komm, hilf mir.»

Otto trat zu ihr und stieß sie an.

«Höher! Höher!» schrie Sophie, und sie spürte, wie ihre Haare im Wind flatterten. Sie flog empor ins Flimmergrün, sauste hinunter und zurück in Schatten und Erdgeruch, und hoch oben zwischen Zweigen und Himmel sah sie ein blasses Gesicht, dem sie jedesmal ein bißchen näher kam.

«Hallo, Jan», sagte Sophie. «Siehst du? Ich kann fliegen!»

«Was sagst du?» fragte Otto, der breitbeinig dastand, bereit, sie aufzufangen.

«Nichts.» Sophie schloß die Augen und ließ die Schaukel sacht ausschwingen. Dann sprang sie ins Gras und umarmte den Vater, bevor sie im Zickzack davonrannte.

8. Kapitel

in welchem Jan einem fremden Mann zuwinkt
und Sophie einen Brief schreibt

Während der Bauarbeiten durfte Jan das Bett nur für kleine Gänge verlassen. Bei jedem Schritt war er vom Troß der Diener umgeben, und schon wenn sich sein Atem nur ein wenig beschleunigte oder wenn er hüstelte, befahl der König, den Prinzen ins Bett zurückzuschaffen. Die Diener trugen jetzt alle Uniform und waren äußerlich von den Soldaten nicht mehr zu unterscheiden. Das hatte der Hauptmann Roderick dem König empfohlen; Uniformen, so sagte er, würden Entführer abschrecken. Aber eigentlich wollte er nur die Armee vergrößern. Die Diener unterstanden von nun an seinem Befehl und übten jeden Morgen den Taktschritt. Außerdem mußten sie lernen, mit Säbel und Lanze umzugehen. Roderick dachte sogar daran, sie später mit Gewehren auszurüsten; er fand es eine Schande, daß nicht jeder Soldat eines besaß. Nur Stanislaus und Raimund mußten keine Uniform tragen. Die seien sowieso zu alt, sagte Roderick wegwerfend; zur Verteidigung könne man nur gesunde und kräftige Männer gebrauchen.

64

Tag für Tag fragte Jan seine Mutter, wann er endlich gesund sei, wann er hinaus dürfe, und jedesmal antwortete Isabella: «Ich tue, was ich kann.»
In der sechsten Woche endlich ließ sich der König erweichen und erlaubte die erste Besteigung der Plattform. Jan wurde winterlich eingekleidet, obschon es inzwischen Juli war. Umgeben von seinen Bewachern, machte er sich auf den Weg zum Innenhof. Schritt für Schritt gewöhnte er sich wieder ans Gehen; er nahm sich zusammen, und die zweite Hälfte des Wegs schaffte er ohne Hilfe.
Die Luft draußen überfiel Jan mit hundert Gerüchen. Er schaute dorthin, wo die Eiche stehen mußte; aber dort stand ein Gerüst, und wie ein struppiger Kopf schaute oben aus dem großen Loch in der Mitte der Plattform ein Teil der Krone heraus.
Der Zug machte beim Treppenaufgang Halt.
«Eine schöne Treppe, nicht wahr», sagte der König und prüfte mit eigener Hand die Festigkeit des Geländers. «Schön und solid. Da kann dir nichts passieren.»
«Man sieht ja die Iche gar nicht mehr», sagte Jan.
«Nun ja. Wichtig ist, daß du hinaufsteigen kannst.»
«Sie braucht doch Wasser», sagte Jan. «Und Licht.»
«Das bekommt sie. Von oben nämlich. Dafür haben ja die Zimmerleute dieses Loch ausgespart.»
Jan wollte die erste Treppenstufe betreten; aber auf einen Wink des Königs hin packte ihn der Treppenhochträger und stieg, mit dem Prinzen in den Armen, die Treppe hoch.
Es hat keinen Sinn, sich zu wehren, dachte Jan. Ich muß meine Kräfte für andere Gelegenheiten schonen.
Das Treppengeländer war so gut verschalt, daß er den Stamm nicht mehr berühren konnte, und die Äste, die in seiner Reichweite gewesen wären, hatte man weggesägt.

Ringsum ging's, zwei-, dreimal; dann kamen sie oben an. Immer mehr Leute drängten sich auf der Plattform zusammen. Jan wurde zur Südseite geführt, auf einen Schemel gehoben, und nun sah er knapp übers Geländer hinweg. Das Land mit seinen Feldern, Häusern und Hügeln lag vor ihm wie damals; doch es schien blasser zu sein, weiter entfernt, und der Fluß blinkte nicht mehr im Morgenlicht, sondern wand sich grau und matt durch die Wiesen.

«Gefällt's dir?» fragte der König, der sich neben seinem Sohn aufgepflanzt hatte.

«Ja, Papa», sagte Jan. Und er dachte: Es ist besser als nichts. Ferdinand zog eine Sanduhr aus der Tasche seines Königsmantels und stellte sie aufs Geländer; unaufhaltsam rieselte der Sand vom obern in den untern Teil.

«Fünf Minuten darfst du hier bleiben», sagte Ferdinand, «das ist schon sehr viel.»

«Ja, Papa.»

Die Zeit verrann. Schweigend umstand der Hofstaat den Prinzen. Hinter den Dächern der Stallungen wurde an der Umfassungsmauer gebaut. Die Männer, die oben auf der Mauer oder auf den angelehnten Leitern standen, hatten ihr Werkzeug sinken lassen und starrten zur Plattform hinauf. Plötzlich winkte einer der Männer. Jan kannte ihn nicht; doch zaghaft winkte er zurück.

«Los, weiterarbeiten!» schrie der Hauptmann Roderick, und die Männer bückten sich nach ihren Mörtelkellen und nach den Steinen, die sie aufeinanderschichteten.

«Vielleicht wird es heute noch regnen», sagte der Leibarzt. «Der Prinz darf um keinen Preis durchnäßt werden.»

«Nicht mit einem Tröpfchen», sagten die Nebenhergeher wie aus einem Munde.

«Die Zeit ist ohnehin gleich abgelaufen», sagte Ferdinand

66

und musterte besorgt die dunklen Wolken, die sich von Westen her näherten.

«Ich möchte einmal hören, wie es donnert», sagte Jan. «Nur ein einziges Mal.»

«Oh nein», sagte der König. «Das könnte deinem Gehör schaden. Ganz abgesehen davon hörst du's drinnen noch laut genug.» Er blickte Stanislaus an. «Es ist wohl besser, wenn du ihm etwas Watte in die Ohren stopfst.»

«Wie Sie befehlen, Majestät.» Stanislaus verbeugte sich.

«Los, zurück!» befahl der König. «Los, los!»

Die Diener wimmelten durcheinander; unter Gepolter ging's treppab, so rasch, daß es Jan in den Armen des Trägers schwindlig wurde. Noch bevor die ersten Tropfen fielen, war er in Sicherheit. Die Tür schloß sich hinter ihm, und die Schritte der Bewacher hallten durch den leergeräumten Gang.

Mit nassen Haaren und triefenden Kleidern kehrte an diesem Tag Otto nach Hause zurück. Er stand, ein bißchen verlegen, in der Küche, und rund um seine Füße bildeten sich Pfützen.

«Du bist wie ein kleiner Junge», schimpfte Gerda ihn aus. «Warum hast du dich nicht irgendwo untergestellt?»

«Ich mag es, wenn der Regen so lau ist. Das spült den Schweiß und den Staub herunter.»

«Das mag ich auch», sagte Sophie, die sich eben zur Tür hereindrückte.

«Du bist ja noch nasser als dein Vater!»

Aber Gerda konnte ein Lachen nicht ganz unterdrücken; denn mit angepappten Haaren sah Sophie aus wie ein junger Seehund. «Marsch, zum Trog mit euch beiden!»

Otto zog Hemd und Hose aus, Sophie schlüpfte aus ihrem Rock; dann brachte Gerda ein großes Tuch und begann die beiden trockenzurubbeln.

Später setzten sie sich an den Tisch. Es gab Käse und Brot, dazu heißen Pfefferminztee, und nachher bekam Sophie ein paar Löffel Zwetschgenkompott, und weil Gerda eine halbe Tasse Rahm hineinrührte und ein wenig Zimt darüberstreute, schmeckte es bestimmt ebenso gut wie das Spezialkompott fürs Schloß, das Gerda jeweils aus den schönsten und größten Früchten kochte.

Otto wischte sich über den Mund; dann lehnte er sich zurück, verschränkte die Arme hinter dem Kopf und sagte, zu Sophie hinblinzelnd: «Übrigens, ich habe heute den Prinzen gesehen.»

«Den Prinzen? Wirklich?» Sophie rutschte von ihrem Stuhl und setzte sich auf Ottos Knie. «Erzähl, bitte.»

Und Otto erzählte, wie er und die andern Männer an der Mauer gebaut hätten und wie sich plötzlich oben auf der merkwürdigen Plattform die halbe Armee versammelt habe, und unter einem Sonnenschirm sei ein Kind aufgetaucht; das habe sich, von zwei Soldaten festgehalten, übers Geländer gebeugt und zu ihnen heruntergeschaut.

«Wie sieht er aus?» unterbrach ihn Sophie.

«Schwer zu sagen. Das Gesicht war ja im Schatten.»

«Was hat er für Augen?»

«Große, vermutlich. Prinzenaugen.»

«Und welche Farbe haben seine Haare?»

«Hör auf, mich zu quälen. Sie sind blond, glaube ich.»

«Und er hat einfach heruntergeschaut?»

«Ja. Und ich habe ihm zugewinkt.»

«Und er? Was hat er gemacht?»

«Er hat zurückgewinkt. Doch da war der Spaziergang schon zu Ende. Und sie haben ihn wie ein dressiertes Hündchen weggeführt.»

«Red nicht so über ihn. Das ist ungerecht!»
«Hoppla. Bist du seit neustem mit ihm befreundet?»
Sophie wurde rot. Sie sprang von Ottos Knien. «Was nicht ist, kann noch werden», sagte sie widerborstig und rannte aus dem Zimmer.

Sophie hatte unter der Treppe eine kleine Kammer. Dort saß sie eine Stunde später und schrieb auf ihren Knien einen Brief. LIEBER PRINTZ, schrieb sie mit steilen Buchstaben. WI GEHT ES TIR? WIR KÖNTEN UNS TREFEN UND BEKANDSCHAFT SCHLIESEN. DI ANDERN KINDER LANGWEILEN MICH. SIE HABEN NUR DUMES ZEUG IM KOPF. MIT TIR MÖCHTE ICH REDN ÜBER DEN MOHND ÜBER DIE BLUMEN UND ÜBER DIE KAZE DIE LEZTE WOCHE GESCHTORBN IST. FILEICHT BESUCHST DU MICH MAL. ICH HEISSE SOPHIE UND WONE BEI OTTO UND GERDA. BESCHTIMT SCHREIBSTU BESSER ALS ICH ABER DAS MACHT NIX.
Sophie faltete das Blatt zusammen und steckte es unter ihr Kopfkissen. Am nächsten Tag brachte sie den Brief zur Krämerin, die gleichzeitig dem einzigen Postamt des Königreichs vorstand.
«Der muß zum Schloß», sagte Sophie und legte den Brief auf den Ladentisch, zwischen Mehlsäcke und Blumenkohl.
Die Krämerin sah Sophie neugierig an. «Ist es eine Bittschrift? Dann kostet es nichts.»
Sophie zögerte. «Es ist ein Brief», überwand sie sich zu sagen.
«Natürlich. Ich bin ja nicht blind. Aber darin wird der König gewiß um einen Gefallen gebeten. Zum Beispiel daß dein Vater die Steuern erst später bezahlen muß. Oder daß er beim Mauerbau ein paar Tage aussetzen darf. Darum bitten gegenwärtig viele.»

«Ich ... ich weiß nicht, was darin steht», log Sophie.

«Dann ist es eine Bittschrift», entschied die Krämerin und schob das Blatt dorthin, wo die andern Briefe lagen. «Aber sag deinen El... deinen ltern, daß es Monate dauert, bis sie eine Antwort bekommen. Wenn überhaupt.»

Sophie nickte und machte, daß sie aus dem Laden kam.

Der Brief wurde ins Schloß befördert, er ging durch ein Dutzend Hände, der königliche Postmeister, der sich in diesen Tagen nur mit Bittschriften zu beschäftigen hatte, öffnete ihn gleichgültig. Doch als er ihn las, erbleichte er. Schon die vertrauliche Anrede war ungehörig, und noch schlimmer: Der Brief wimmelte von großen, dreizinkigen E. Sie sahen so scharfgeschliffen aus, daß er sich nicht gewundert hätte, wenn sie aus dem Papier gesprungen wären und ihm das Gesicht zerkratzt hätten. Der Postmeister schloß die Augen und zerriß das Blatt in kleine Schnipsel.

9. Kapitel

in welchem ein Professor findet, der Prinz müsse aufgeheitert werden, und der König merkt, daß alle Mühe vergeblich ist

Eine Zeitlang ereignete sich in Zipfelland nichts Außergewöhnliches mehr. Die Mauer wurde fertiggebaut, die Leute zahlten widerwillig die höhern Steuern, die Armee wuchs auf siebenundzwanzig Mann an. Durchschnittlich jede zweite Woche stand Jan ein paar Minuten lang auf der Plattform, schaute in die Weite und wurde wieder hinuntergeführt. Bei Regen, bei allzu starker Bewölkung, bei großer Hitze verschob der König den Ausflug um eine Woche oder oft noch um eine zweite, und im Winter, wenn Schnee lag oder die Stufen vereist waren, untersagte er ihn ganz. Nachts wurde Jan bewacht wie ein Gefangener; der König erwog sogar, ihn aus Sicherheitsgründen ans Bett zu fesseln. Die Eiche, vom Gerüst umschlossen, verkümmerte allmählich. Das Laub welkte früher als sonst; die äußersten Zweige verdorrten und starben ab.

Eines Tages hatte Jan keine Lust mehr aufzustehen, schlimmer: er hatte zu überhaupt nichts Lust.

«Nein, bitte nicht», sagte er matt, als Stanislaus einladend die Decke zurückschlug. «Ich will im Bett bleiben.»

«Nein», sagte er, als Raimund mit seiner Geographiestunde beginnen wollte. «Ich mag heute nicht lernen.»

«Nein, bitte nicht», sagte er, als Raimund das Essen auftrug. «Ich habe keinen Appetit.»

Er sagte sogar nein, als man ihn dazu überreden wollte, mit den Dienern die Plattform zu besteigen.

«Wir haben wieder Mai», sagte Stanislaus. «Die Bäume blühen, das mußt du dir ansehen.»

«Nein», sagte Jan, «ich mag nicht.»

«Warum nicht?»

«Weil ich nicht mag.»

Am zweiten Tag trank Jan ein wenig Milch; zum Essen war er nicht zu bewegen. Der Leibarzt horchte Jans Brustkorb ab; er forschte nach versteckten Ausschlägen, er tastete nach Geschwüren in Arm- und Kniebeugen; er steckte Jan das Fieberthermometer abwechselnd in die Achselhöhle und in den Mund; er verschrieb Kamillen- und Kohlwickel; er setzte Schröpfköpfe auf Jans Bauch; er zwang ihn, Pulver aus zerstoßenen Eidechsenschwänzen zu schlucken; er ließ seinen Kopf kahl scheren und rieb ihn mit einer übelriechenden Paste ein; er versuchte es mit heißen und kalten Fußbädern. Aber nichts half, nichts nützte.

Nach zwei Wochen war der Leibarzt am Ende seines Lateins, und er tat etwas, was er noch nie getan hatte: Er bat den König, einen zweiten Arzt beizuziehen, und zwar den berühmten Professor Windgast, der in der Hauptstadt des Nachbarlandes lebte.

«Wie? Was?» schrie Ferdinand. «Ein Ausländer soll meinen Sohn befingern? Wir haben in Zipfelland unsere Probleme bis heute allein gelöst, und darauf sind wir stolz.»

Der Leibarzt senkte den Kopf. «Majestät, ich flehe Sie an: Willigen Sie in meinen Vorschlag ein ... ich kann sonst für nichts mehr garantieren ...» Die Stimme des Leibarztes brach; seine Augen füllten sich mit Tränen.

«Das dauert Tage, bis dieser Ausländer hier ist», sagte Ferdinand. «Und Tag für Tag geht es meinem Sohn schlechter.»

Seine Lippen begannen zu zittern; nun war er es, der die Tränen zurückhielt. Plötzlich bedeckte er mit beiden Händen sein Gesicht und schwankte leicht. Der Leibarzt trat auf ihn zu und hielt ihn fest. «Hilf mir», stöhnte der König. «Hilf mir, tu, was du willst.»

Ein Bote mit einer königlichen Einladung wurde ausgesandt.

Professor Windgast zierte sich erst; dann sagte er zu. Fünf Tage später traf die Extrakutsche mit ihm und seinen drei Assistenten in Zipfelland ein. Der Professor war ein großer, prächtig gekleideter Mann mit einem weißen Lockenkopf. Er habe es eilig, sagte er, und ohne weitere Umstände ließ er sich vom Königspaar ans Krankenbett führen.

Jan lag blaß und reglos da, wie schon seit Tagen. Er schaute den fremden Mann, der vor ihm stand, verwundert, aber furchtlos an.

Der Professor umrundete mehrmals das Bett und behielt dabei den Prinzen im Auge. «Wieviel gibt acht und sieben, mein Junge?» fragte er, indem er seine Hand auf Jans Stirn legte.

«Ich ... ich habe es vergessen», sagte Jan.

«Aha», sagte der Professor. «Wie groß bist du?»

«Noch viel zu klein.»

«Was magst du lieber: einen Purzelbaum oder einen Apfelbaum?»

«Ich weiß es nicht.»

«Aha, aha.»

Das Königspaar und die wichtigsten Diener, die sich ins Prinzengemach gedrängt hatten, wagten kaum zu atmen, nur das Kritzeln der Bleistifte war zu hören, mit denen sich die drei Assistenten Notizen machten.

«Kannst du durch zwei Finger pfeifen?» fragte der Professor. «Nämlich so.» Er steckte Daumen und Zeigefinger in den Mund und pfiff so schrill und durchdringend, daß alle zusammenfuhren.

«Nein.» Ein schwaches Lächeln glitt über Jans Gesicht.

«Wie ist die Farbe des Himmels?»

«Ich habe sie vergessen. Grau, vielleicht blau, das reimt sich ja.»

«Die Farbe des Himmels kann sehr verschieden sein», sagte der Professor. Er betrachtete Jan mit gerunzelter Stirn und schwieg.

«Wollen Sie ...», setzte der Leibarzt an, «wollen Sie den Prinzen nicht vielleicht ... äh ...?»

«Ja», sagte Ferdinand, «wollen Sie ihn nicht endlich untersuchen?»

«Keine Belehrungen, bitte», sagte der Professor. «Ein Menschenkenner wie ich sieht oft auf den ersten Blick, mit was für einer Krankheit wir's zu tun haben, und gegen die Krankheit des Prinzen hilft nur ein Mittel: Er muß aufgeheitert werden.»

«Aha», sagte der Leibarzt beklommen und nickte. «Daran habe ich selbstverständlich auch schon ... Aber dann ...»

«Ja, natürlich», unterbrach ihn der König. «Er braucht Aufheiterung. Daß wir nicht schon längst daraufgekommen sind!» Er stutzte. «Aber wie heitern wir ihn auf? Haben Sie ein Rezept?»

«Da gibt es viele Methoden, mein Herr. Keine ist besser als die andere. Hauptsache, Sie bringen dem Jungen wieder ein bißchen Lebensfreude bei.» Der Professor zog aus der Tasche seines Samtgilets eine Taschenuhr und las die Zeit ab. «Ich muß mich beeilen. Die Rechnung wird Ihnen geschickt. Auf Wiedersehen, meine Herrschaften. Adieu, mein Junge, lach dich gesund.» Er tätschelte im Hinausgehen Jans Wangen und winkte seinen Assistenten, ihm zu folgen. Verblüfft starrte der Hofstaat ihm nach.

Die Rechnung, die der Professor schickte, war unverschämt hoch. König Ferdinand mußte ein weiteres Mal die Steuereintreiber ausschicken, um sie bezahlen zu können. Aber auch die Versuche, den Prinzen aufzuheitern, kosteten Geld, und so wurden die Untertanen bis aufs Hemd ausgeplündert.
«Viel fehlt nicht mehr», sagte Otto niedergeschlagen zu Gerda und Sophie, «und dann müssen wir hungern.»
«Nur fünf Salatköpfe haben die Soldaten im Garten übriggelassen», sagte Sophie. «Und ein bißchen Spinat.»
«Davon werden wir nicht satt, und bis die Zwetschgenbäume tragen, dauert's noch lange», seufzte Gerda.
«Diese Verrücktheit!» rief Otto. «Wir darben, aber Gaukler und Spaßmacher werden ins Schloß geholt, sie werden gemästet und regelrecht vergoldet. Und warum? Damit sie Ihre Hoheit, den Prinzen, zum Lachen bringen. Und wer das schafft, bekommt außerdem eine Belohnung, die ist so hoch, daß wir zehn Jahre davon leben könnten. Aber was hat's bisher genützt? Nichts! Der junge Herr liegt dem Vernehmen nach grämlich im Bett und langweilt sich zu Tode.» Otto sprang vom Stuhl auf und warf eine gekochte Kartoffel an die Wand. «Ach», schrie er.

«Ich würde am liebsten die ganze Königsfamilie aus dem Land jagen.»

«Nimm dich zusammen», sagte Gerda, «man könnte dich hören. Und wirf gefälligst nicht unser Essen herum. Wir dürfen nichts vergeuden.»

«Entschuldige, ich bin nur wütend.» Kleinlaut bückte sich Otto und klaubte die Reste der zerplatzten Kartoffel vom Boden auf.

«Ich wüßte schon», sagte Sophie, «wie ich den Prinzen zum Lachen bringe.»

«Wie denn?» fragte Gerda.

Sophie verschränkte die Arme vor der Brust. «Das sage ich nicht.»

«Dann geh und versuch's doch.»

«Kommt nicht in Frage!» raunzte Otto und wischte sich mit der Hand über den Mund. «Oder willst du diesen Blutsaugern etwa beistehen?»

«Der Prinz kann nichts dafür, daß er so traurig ist.»

«Mag sein. Aber für die dort oben tun wir nur, was wir tun müssen. Außerdem lassen sie dich gar nicht zu ihm. Du bist zu klein, und du hast dreckige Füße.»

«Die kann ich waschen», sagte Sophie und versteckte rasch die nackten Füße unter ihrem Rock.

«Ich dulde nicht, daß du dort oben Schlange stehst.»

«Ich tue, was ich will!»

«Nein!» Otto holte aus, um sie zu ohrfeigen. Da war Sophie schon zur Tür geflitzt, und auf der Schwelle schrie sie: «Doch!» Dann schmetterte sie die Tür hinter sich zu.

Viele versuchten es, von weither kamen sie, aber niemand brachte es zustande, den Prinzen aufzuheitern.

Jans Zimmer war durch eine Glaswand unterteilt worden. Das hatte Ferdinand angeordnet, um zu verhindern, daß die fremden Besucher mit dem Prinzen in Berührung kamen. So blieb er, nach Ansicht des Königs, von lästigen Gerüchen, von Schmutz und allen ansteckenden Krankheiten verschont.

Auf der einen Seite der Glaswand lag der Prinz in seinem Bett; auf der andern Seite traten die Spaßmacher auf und taten ihr Bestes. Jongleure ließen Keulen und Teller tanzen. Ein Zauberer zog aus Raimunds Nase eine Reihe aneinandergeknüpfter Taschentücher. Liliputaner mit roten Pappnasen schlugen Purzelbäume und warfen einander Kuchenstücke ins Gesicht. Aber der Prinz verzog keine Miene.

Abends, wenn die Spaßmacher gegangen waren, trat König Ferdinand an Jans Bett und fragte besorgt: «Nun, mein Sohn, hat dir heute etwas besonders gefallen?»

Doch Jan schüttelte jedesmal den Kopf.

«Schade, sehr schade», erwiderte der König. «Sag mir doch, was dich aufheitern würde.»

Und Jan gab jedesmal die gleiche Antwort, und er sprach jeden Tag leiser, so daß sich der König immer tiefer zu ihm hinunterbeugen mußte: «Ich will hinaus, hinaus aus dem Schloß.» Hatte der König ihn aber verstanden, sagte er: «Nein, was fällt dir ein, das hat nichts mit Aufheiterung zu tun!» Und er machte kehrt und verließ grollend das Zimmer.

Am nächsten Tag standen wieder ein paar Leute vor dem Schloß, die ihr Glück versuchen wollten. Sie wurden geprüft und durchsucht, und erst wenn sie mit ihren Kunststücken wenigstens einen der Torwächter zum Lachen gebracht hatten, wurde ihnen erlaubt, vor dem Prinzen aufzutreten.

Einmal war unter den Wartenden auch ein kleines Mädchen.

«Was kannst du denn?» fragte der erste Torwächter. «Zeig's uns, wir sind gespannt.»

«Ich kann reden», sagte das Mädchen. «Und was ich sonst kann, sage ich nicht.»

Der Torwächter lachte. «Ach so, reden kannst du! Und damit willst du den Prinzen aufheitern? Mit Kindergeschwätz?»

«Ich weiß es nicht, ich muß ihn erst sehen.»

«Das wirst du nicht.» Der Torwächter stieß mit seiner Lanze auf den Boden. «Fort mit dir, marsch! Du hast hier nichts zu suchen!»

Das Mädchen zog sich Schritt für Schritt zurück; plötzlich begann es zu rennen; es rannte mit fliegendem Rock den Schloßberg hinunter, und seine Füße wirbelten Staub auf.

Am Ende der vierten Woche hatte Jan kaum noch die Kraft, seine Hände zu heben. Der König war verzweifelt. In den Nächten lag er wach und grübelte, wie er seinen Sohn aufheitern könnte.

«Gib endlich nach», sagte Isabella, die auch nicht schlief. «Gib nach, sonst ist es zu spät.»

Der König drehte sich auf die andere Seite und wandte Isabella den Rücken zu. «Hab ich dir nicht beinahe in allem nachgegeben?» fragte er. «Und wohin hat es geführt?»

Doch Isabella ließ sich nicht beirren. «Laß Jan hinaus, das ist das einzige, was ihm noch helfen kann.»

Der König zog die Decke über seine Schultern und kugelte sich zusammen wie ein kleines Kind. «Ich kann ... ich kann doch nicht einfach meine Grundsätze über den Haufen werfen ...»

«Laß ihn hinaus. Wenn's nichts nützt, dann schadet es auch nichts, schlimmer kann's gar nicht mehr werden.»

79

«Hinaus! Hinaus! Als ob das so einfach wäre. Wohin hinaus? Und wie? Mit wem?»

«Er soll das Land kennenlernen, darauf hat er ein Recht.»
Der König wälzte sich herum und wollte widersprechen; aber die Stimme versagte ihm, und er schwieg so lange, daß Isabella besorgt zu ihm hinüberblickte. Endlich sagte er: «Gut, du sollst deinen Willen haben. Ich tue ja alles für meinen Sohn.»

«Danke», sagte Isabella, «ich wußte doch, daß du Vernunft annimmst.»

Ferdinand stützte sich, ihrem Blick ausweichend, auf einen Ellbogen. «Ich gebe nach, aber unter meinen Bedingungen.»

«Welchen denn?»

«Jan geht draußen keinen Schritt zu Fuß. Ich lasse für ihn eine gläserne Kutsche bauen; darin kann er das Land sehen. Die Wände, die Türen, der Boden: alles aus Glas.» Ferdinand setzte sich auf und schwang die Beine über den Bettrand. «Da dringt nichts Unerwünschtes zu ihm hinein, kein Luftzug, kein Stäubchen, und dennoch erkennt er über sich den Himmel und auf dem Boden unter sich jeden Stein. Ist das nicht eine großartige Idee?»

«Ich weiß nicht, ich hab's mir anders vorgestellt. Er braucht doch die frische Luft …»

«Keine Sorge.» Ferdinand ergriff Isabellas Hand und tätschelte sie. «Da werden wir was erfinden. Vielleicht filtern wir die Luft, bevor sie zu Jan gelangt. Das wäre das Allersicherste, nicht wahr?»

*in welchem Jan zum erstenmal ausfährt und
Sophies Vater verhaftet wird*

Die Aussicht, endlich aus dem Schloß hinauszugelangen, schien bei Jan Wunder zu wirken. Er aß plötzlich mehr, und er ließ sich wieder in Gespräche verwickeln.
«Ist es denn wahr?» fragte er die Mutter. «Sagst du mir das nicht nur zum Trost?»
«Es ist wahr», sagte Isabella. «Du mußt dich nur noch ein wenig gedulden.»
«Wie lange?»
«Eine Woche, zwei Wochen vielleicht», sagte der König. «Das Glas muß gegossen, gehärtet und geschliffen werden. Zwölf Leute arbeiten Tag und Nacht an deiner Kutsche.»
Schon bald stand Jan ohne fremde Hilfe auf. Er dehnte seine Spaziergänge allmählich aus, bis sie wieder in die Nähe des Portals führten, und jeden Tag ließ er sich berichten, wie weit der Bau der Kutsche vorangeschritten war.
Stanislaus und Raimund nahmen ihren Unterricht wieder auf; die übrigen Diener erfüllten ihre gewohnten

Pflichten. Beinahe hätte man denken können, die alten Zeiten seien zurückgekehrt. Und doch warteten alle insgeheim nur auf die erste Ausfahrt der gläsernen Kutsche.

«Werde ich Bäume sehen?» fragte Jan seine beiden Lehrer.

«Ja», antwortete Stanislaus. «Viele Bäume. Auch Sträucher und Büsche.»

«Welche? Sagt mir die Namen!»

«Buchen, Pappeln, Linden, Nußbäume, Birken», zählte Stanislaus auf. «Ach, mein Gedächtnis! Die Hälfte habe ich bestimmt vergessen.»

«Die Obstbäume hast du vergessen», sagte Raimund. «Apfelbäume, Birnbäume, Kirschbäume, Zwetschgenbäume, Pfirsichbäume ...» Er strich versonnen über seinen Bauch.

«Und natürlich die immergrünen Nadelbäume», rief Stanislaus. «Fichten, Weißtannen, Eiben ... äh ... Iben, Föhren!»

Sie verstummten; aber der Klang der Namen schien noch eine Weile im Zimmer zu hängen wie ein würziger Duft. Jan hatte mit geschlossenen Augen zugehört.

«Und Kinder?» fragte er. «Werde ich auch Kinder sehen?»

«Natürlich wirst du Kinder sehen», sagte Stanislaus. «In Zipfelland gibt's mindestens zweihundert Kinder.»

«Wie heißen sie?»

«Ach, verschieden.» Stanislaus kratzte sich am Hinterkopf. «Du bist ja heute ganz erpicht auf Namen.»

«Johann heißen sie», sagte Raimund. «Albert, Franz, Georg.»

«Verena», sagte Stanislaus. «Anna, Helen, Sophie. Wie Kinder eben heißen.»

«Danke», sagte Jan. Und in Gedanken wiederholte er alle Namen, damit er sie nicht vergaß.

Dann war die gläserne Kutsche fertiggebaut, und sie stand, zur ersten Ausfahrt bereit, vor dem Schloß. Vier Pferde waren angespannt. Die Stallknechte hatten auf Geheiß des Königs die vier lahmsten Gäule ausgewählt; bei ihnen war man sicher, daß sie nicht bocken oder durchbrennen würden.

Zum erstenmal in seinem Leben betrat Jan mit seinem Gefolge den gepflasterten Vorplatz, wo die Kutsche stand. Doch er hatte gar keine Zeit, sie zu bestaunen. Er wurde auf den Sitz gehoben; links und rechts von ihm nahmen Stanislaus und Raimund Platz; ihm gegenüber setzte sich das Königspaar. Dann stießen zwei Diener in Uniform die Türen zu, und einer, der auf dem hintern Trittbrett stand, begann einen Blasebalg zu betätigen, der die Insassen mit frischer Luft versorgte.

Der König winkte; der Kutscher auf dem Bock trieb die Pferde an; die Kutsche setzte sich in Bewegung. Sie fuhr durch das Hauptportal und über die Zugbrücke und holperte gemächlich den Schloßweg hinunter. Ihr voraus ritt Roderick mit hochmütiger Miene. Neben und hinter der Kutsche her gingen Diener und Soldaten; aber da sie alle die gleichen Uniformen trugen, konnte Jan sie kaum noch voneinander unterscheiden.

«Heiß ist's hier drin», sagte Ferdinand und tupfte sich den Schweiß von der Stirn.

«Entsetzlich heiß», sagte Isabella und legte ihren Hut auf die Knie.

Jan hatte nur Augen für die Landschaft, die draußen vorbeizog. Der Weg verbreiterte sich und wurde von Silberpappeln gesäumt, deren Laub im leichten Wind flirrte und blinkte. Das Gras stand hoch; am Wegrand blühte der Mohn. Wenn Jan den Blick hob, sah er durch das Glas den Himmel.

Unten bei den Häusern standen die Untertanen Spalier. Ferdinand hatte befohlen, daß der Prinz bei seiner ersten Ausfahrt gebührend zu empfangen sei. Aber die Leute, die sich aufgestellt hatten, machten mürrische und abweisende Gesichter, und die wenigen Kinder, die Jan erblickte, schauten zu Boden.

«Wollt ihr endlich jubeln, ihr Hohlköpfe!» schrie der Hauptmann Roderick.

Einer der Männer rief: «Vivat! Es lebe der Prinz!», und ein paar andere fielen ohne Begeisterung in den Ruf ein.

«Sind die Leute immer so mürrisch?» fragte Jan.

«Scher dich nicht darum, sie wissen es nicht besser», erwiderte der König und wischte sich mit dem Taschentuch über Nacken und Stirn.

«Sind sie denn böse auf uns?» Auch Jan schwitzte unter seiner Winterkleidung; aber er merkte es gar nicht.

«Sie haben keinen Grund dazu, wir tun nur Gutes für sie.»

«Sie haben einen Grund, Mann», sagte Isabella. «Das weißt du genau.»

Die Kutsche rumpelte an den Häusern vorbei. Hunde wichen ihr aus; ein Schwein, das sich auf der Straße niedergelegt hatte, wurde mit Stockhieben weggescheucht. Das Spalier der Zuschauer lichtete sich bereits.

«Und die Kinder?» fragte Jan. «Warum spielen die Kinder nicht? Ich möchte ihnen zuschauen beim Spielen.»

«Sonst spielen sie schon», sagte Isabella. «Aber heute sollen sie dich begrüßen.»

Der König knöpfte seinen Kragen auf und versuchte, sich Luft zuzufächeln. «Würde dich das aufheitern, wenn du ihnen beim Spielen zuschauen könntest?»

«Ich weiß nicht ... ich glaube schon ...»

«Gut, dann werde ich befehlen, daß sie beim nächsten Mal spielen.»

Stanislaus ließ sich erschöpft gegen die Seitenwand sinken. «Majestät», flüsterte er. «Mit Verlaub, es ist wirklich sehr heiß.»

«Wie in einem Treibhaus», sagte Raimund, von dessen Stirn und Wangen der Schweiß tropfte.

«Nehmt euch zusammmen», sagte der König. «Ich leide auch. Wir leiden dem Prinzen zuliebe.»

Am Ende der Zuschauerreihe stand Otto und hielt Sophie bei der Hand. «Siehst du?» sagte er leise, als die Kutsche näherkam. «Dort sitzen sie, die Blutsauger.» Verächtlich spuckte er aus. Das sah von weitem der Hauptmann Roderick. Er gab seinem Pferd die Sporen und lenkte es an Ottos Seite. «Was fällt dir ein!» schrie er. «Du hast vor dem König ausgespuckt! Das ist Majestätsbeleidigung!»

Otto wurde bleich. «Ich habe doch nur ... ich habe doch nur ...», stotterte er.

«Er hat ja bloß Tabaksaft ausgespuckt», sagte Sophie rasch und stellte sich vor den Vater.

«Halt du den Mund!» schnaubte Roderick. «Mit dir rede ich nicht.» Er winkte drei Soldaten herbei. «Los, bindet ihm die Hände auf den Rücken!»

Otto wollte davonlaufen; doch die Soldaten hielten ihn fest. Einer schlug ihm mit dem Gewehrkolben über den Rücken, so daß er taumelte. Sophie zerrte an den Uniformröcken der Soldaten und schrie: «Ihr tut ihm weh! Ihr tut ihm weh!»

Inzwischen hatte die Kutsche angehalten. Gebannt schaute Jan zu, wie der fremde Mann gefesselt wurde, wie ein Soldat das Mädchen von hinten umklammerte und nicht mehr losließ. Die Wildheit des Mädchens beängstigte ihn, und doch konnte er seinen Blick nicht von ihm abwenden.

«Was ist mit dem Mann?» fragte Isabella. «Was hat er Schlimmes getan?»

«Sie sollen das Kind loslassen», sagte Jan und krampfte seine Hände zusammen.

Ferdinand klopfte an die Seitenwand, und sogleich wurde die Kutschentür geöffnet. Der König und die Königin stiegen aus; steifbeinig kletterten Raimund und Stanislaus hinterher. Jan hingegen wurde wieder eingeschlossen. Hauptmann Roderick war vom Pferd gestiegen und trat dem König entgegen. «Majestät, wir haben einen Aufrührer gefaßt.»

«Er hat nichts getan», stieß Sophie hervor und wand sich im Griff des Soldaten. «Er hat bloß ...» Aber da legte ihr der Soldat eine Hand über den Mund, und ihre Stimme erstickte. Sie suchte Jans Blick und ließ ihn nicht mehr los, und Jan wünschte sich, das Glas würde schmelzen und er könnte das Mädchen befreien und mit ihm fliehen, bis zu den Hügeln am Horizont.

«Also, was hat er getan?» Es war nicht klar, ob der König Otto oder Roderick anredete; doch Otto antwortete sogleich: «Ich habe ausgespuckt, ohne zu merken, daß Ihre Majestät in der Nähe waren, und ich bitte Ihre Majestät dafür um Verzeihung.»

Roderick fuchtelte mit dem Säbel. «Er lügt. Er hat vor dem König ausgespuckt, und dafür verdient er fünfzig Stockhiebe. Oder noch besser, er wird in den Kerker gesteckt.»

Sophie strampelte und sah Jan beschwörend an.

«Wie heißt du?» fragte der König und musterte Otto genauer. «Dein Gesicht kommt mir bekannt vor.»

«Ich heiße Otto Morgenroth. Und wenn Ihre Majestät sich zu erinnern geruhen: Ich bin Ihr königlicher Zwetschgenkompottlieferant.»

«Ach ja, natürlich!» Ferdinands Gesicht hellte sich auf; unwillkürlich fuhr seine Zunge über die Lippen. «Wie wird die Zwetschgenernte dieses Jahr?»

«Gut, wenn uns Petrus nicht im Stich läßt.»

«Und wieviele Gläser Kompott hast du im Schloß abzuliefern?»

Otto schluckte leer. «Tausend, Majestät.»

«Sagen wir tausenddreihundert. Dann hast du dein dummes Versehen wieder gutgemacht.»

Otto senkte den Kopf und schwieg.

«Ist das deine Tochter?» fragte Ferdinand, indem er in Sophies Richtung nickte.

«Ja, Majestät. Sie heißt Sophie und ist manchmal ein bißchen ... unbeherrscht. Wie ich auch.»

«Laß sie los», befahl Ferdinand dem Soldaten.

Dieser gehorchte. Sophie schüttelte sich wie ein nasser Hund und strich ihren Rock glatt. Noch immer ließ sie Jan nicht aus den Augen.

«Sei brav, Sophie», sagte Ferdinand. «Du mußt deinem Vater und dem König gehorchen. Das gehört sich so.»

Sophie blickte dem König in die Augen; sie verschränkte ihre Arme vor der Brust und fragte, für alle hörbar: «Warum sind eure Soldaten so grob zu uns?»

Das Murmeln und Lachen im Gefolge erstarb. «Weil ...», der König holte Atem, «weil ihr's nicht besser verdient habt.»

«Und warum darf der Prinz nicht aussteigen und mit uns reden?»

«Hör mal, du vorwitziges Ding, davon verstehst du nichts.»

«Warum nicht?» Kampflustig stellte Sophie ein Bein vors andere.

«Du bist noch zu klein.» Der König räusperte sich, bevor er einen weiteren Grund fand. «Zu klein und zu unwissend.»

87

«Das ist nicht wahr», empörte sich Sophie; doch ihr Vater unterbrach sie mit einem warnenden Zuruf.

«Du stiehlst meine Zeit», sagte Ferdinand. «Marsch, geh heim, hilf deinen Eltern, tu was Nützliches!»

Der Soldat, der hinter Sophie stand, zog sie vom König weg. Der Hofstaat wich auseinander und ließ die beiden durch. Sophie schaute zurück zur Kutsche, wo Jan sein Gesicht an die Scheibe preßte. Da trat Isabella, die bisher im Hintergrund gestanden war, zum Soldaten und flüsterte ihm etwas ins Ohr. Zögernd lockerte er seinen Griff. Sophie riß sich los, rannte zu Otto und befreite ihn blitzschnell von seinen Fesseln.

«Majestät!» rief der Hauptmann Roderick, kreideweiß vor Wut, und zeigte mit der Säbelspitze auf Sophie.

Doch Ferdinand tat, als ob er nichts gesehen hätte. «Ich will noch rasch zu den Zwetschgenbäumen», sagte er. «Ich will mich vergewissern, ob deine Angaben stimmen. Und außerdem soll mein Sohn noch ein bißchen mehr von Zipfelland sehen. Da läßt sich das eine mit dem andern verbinden.»

«Wie Sie wünschen, Majestät», sagte Otto. Er verrieb Spucke auf seinen Handgelenken und begann sie zu massieren.

Es waren nur wenige hundert Meter bis zu Ottos Obstgarten. Sophie ging dicht neben der Kutsche her; und da der König zu Rodericks Ärger nicht dagegen einschritt, ließen die Soldaten sie gewähren. Sie lächelte zu Jan hinauf, und er lächelte zurück. Sie deutete im Gehen auf sich und formte, die Lippen bewegend, lautlos ihren Namen. Er schüttelte bedauernd den Kopf; dann schrieb er mit dem Zeigefinger ein Wort auf die Scheibe, und als Sophie es nicht lesen konnte, schrieb er's noch einmal seitenverkehrt. HEISS, glaubte sie zu verstehen. Das ist wahr, dachte sie; er verschmachtet ja dort drin. Sie bedeutete ihm, er solle doch wenigstens die Wollmütze abnehmen. Das tat er, und dabei schielte er nach vorne und nach links und rechts, um sicher zu sein, daß ihm's niemand verbot.

Sie kamen zu den Zwetschgenbäumen. Der König war außer Atem geraten. Man stützte ihn, man bog einen Zweig zu ihm hinunter, und er zählte die kleinen, grünen Zwetschgen, die daran hingen. «Doch, doch», sagte er befriedigt, «das wird ein gutes Jahr.»
«Wenn Sie einen Schluck Wasser bei uns trinken möchten …» sagte Otto verlegen. «Meine Tochter könnte …»
«Ach nein», erwiderte der König. «Ich mag lieber Himbeersirup. Und den gibt's nur im Schloß. Kehren wir um.» Er trat zur Kutsche.
Sophie hatte sich inzwischen auf die Schaukel gesetzt, die am größten Baum hing, und pendelte sachte hin und her. «Himbeersirup», murmelte sie, «Himbeersirup», und verzog ihr Gesicht so komisch, daß Jan, der sie nicht aus den Augen ließ, lachen mußte.
Dem König entging dies nicht, und er rief: «Gut, sehr gut! Der Ausflug hat ihn aufgeheitert, man sieht es deutlich!» Er klopfte an die Kutsche. «Hallo, mein Sohn, wir kehren um, du mußt dich schonen.»
Jans Miene wurde wieder ernst.

Als die Kutsche hinter einer Wegbiegung verschwunden war, ließ sich Sophie von der Schaukel auf den Boden gleiten. «Otto», sagte sie, «warum redest du so geschraubt mit dem König?»
«Nun … das ist eben die Höflichkeit, die wir ihm schul-

den ... Und ich mußte ihn versöhnlich stimmen, verstehst du?»

«Ich mag nicht, wenn du dich dauernd verbeugst.»

Otto stand mit hängenden Armen da. «Dir wär's wohl recht gewesen, sie hätten mich in den Kerker geworfen, wie?»

«Ich wäre mitgekommen. Oder ich hätte dich herausgeholt.»

«Jaja.» Otto lachte bitter. «Plappere du nur daher. Du wirst noch lernen, daß es manchmal klüger ist, auf dem Maul zu sitzen.»

«Das will ich nicht lernen», sagte Sophie.

«Du hast Glück gehabt, daß dir der König deine Frechheit durchgehen ließ. Als ich Kind war, wäre mir dafür der Hintern versohlt worden.»

Nebeneinander, aber in deutlichem Abstand, gingen sie zu ihrem Haus zurück. Ein leichter Wind wehte; über das Haferfeld vor ihnen schienen silberne Wellen zu gleiten. Ein paar Krähen flogen auf; Otto schickte ihnen gemurmelte Flüche hinterher.

«Der Prinz ist nett», sagte Sophie.

«Mit dem Prinzen hast du nichts zu tun.»

«Sie haben kein Recht, ihn einzusperren.»

«Das geht uns nichts an.»

«Aber sie könnten ihn doch behandeln wie andere Kinder, oder nicht?»

Der Abstand zwischen den beiden war geschrumpft, und plötzlich ließ Sophie ihre Hand in die des Vaters gleiten. «Baust du mir dieses Jahr wieder einen Drachen?» fragte sie.

«Wie kommst du jetzt darauf?»

«Einfach so. Weil ich gerne etwas fliegen sehe.»

Otto lächelte. «Na gut. Aber nur, wenn du schön brav bist.»

11. Kapitel

in welchem der Prinz übt, ein unbekanntes
Mädchen anzusprechen, und Sophie die Köchin
Marie kennenlernt

Jan ging es von diesem Tag an tatsächlich besser. Er schluckte seinen Brei, er spazierte durch die Gänge, er lernte und las. Alles war beinahe wie zuvor.

«Die Kutschenfahrt tut ihm gut», sagte der König. Und er befahl, sie jeden Mittwoch pünktlich um zwei Uhr zu wiederholen.

Sophie wußte, wann sie stattfand, und tauchte jedesmal irgendwo auf, um Jan zu begrüßen. Sie mischte sich unter das Gefolge und ging eine Weile neben der Kutsche her. Und weil sie so klein war und niemandem besonders auffiel, ließ sie sogar der Hauptmann Roderick in Ruhe.

Jan saß in der gläsernen Kutsche und tat, als betrachte er die Umgebung. Aber in Wirklichkeit fieberte er nur dem Augenblick entgegen, wo er Sophie sehen würde. Woher kommt sie wohl heute? dachte er. Versteckt sie sich hinter der Hecke dort? Wartet sie bei der nächsten Biegung? Rutscht sie das Bord herunter wie letztesmal? Wenn er sie endlich sah, wenn er sie unter all den andern Leuten er-

91

kannte, tat sein Herz einen Sprung. Äußerlich blieb er ruhig und beherrscht; er gestattete sich höchstens ein Lächeln und ein Blinzeln, mehr nicht. Ich darf nicht verraten, daß sie meinetwegen kommt, dachte er; wenn ich's verrate, hat alles ein Ende.

Auch Sophie sah ihn nur von der Seite an. Zwei-, dreimal schrieb sie im Gehen rasch etwas in die Luft, oder sie bewegte stumm die Lippen. Doch Jan konnte nicht enträtseln, was sie meinte, und selber etwas auf die Scheibe zu schreiben, getraute er sich nicht nochmals.

Ebenso plötzlich wie Sophie aufgetaucht war, verschwand sie wieder. Und während die Kutsche weiterholperte, stellte Jan sich vor, was er sagen würde, wenn sie miteinander reden könnten. Hallo, übte er halblaut, ich heiße Jan. Und wie heißt du? Er versuchte sich an die Namen zu erinnern, die Stanislaus und Raimund aufgezählt, an andere Namen, die er in Büchern gelesen hatte.

Hallo, würde sie sagen, ich heiße Anna. Oder Marie. Oder Luisa. Ach, es gab so viele Namen. Und nur einer stimmte.

Und dann? Wie sollte er weiterfahren? Vielleicht so: Willst du mit mir spielen? Oder vielleicht nur: Willst du mit mir plaudern? Auch gut, aber worüber plauderte man mit einem fremden Mädchen? Über die lästigen Diener? Über das abscheuliche Essen? Über den König, der dummerweise sein Vater war? Oder – da stockte Jans Atem – sollte er einfach fragen: Wollen wir Freunde sein? Er strengte sich an, weitere Sätze zu finden. Aber es war schwer; er hatte ja noch nie mit einem andern Kind gesprochen.

Abends im Bett übte er weiter: «Hallo», murmelte er. «Ich heiße Jan. Wollen wir Freunde sein?»

So vergingen ein paar Wochen. Sophie jedoch hatte sich in den Kopf gesetzt, den Prinzen zu befreien. Die Idee war ihr eines Morgens gekommen, als Otto dürre Äste verbrannte. Draußen, vor ihren Augen, brannte ein Feuer, und drinnen, in ihrem Kopf, schien plötzlich ein anderes zu brennen. So heiß war ihr, daß sie fürchtete, Otto sehe ihr an, was sie plane. Nein, weder ihm noch Gerda wollte sie's sagen, überhaupt niemandem.

In der Nacht konnte sie vor Aufregung nicht schlafen. Ich hole ihn heraus, sagte sie und blickte in den mondhellen Garten. Aber wie? Es roch nach Holunder und nach taufeuchtem Gras. In ihren Ställen unter dem Fenster rumorten die Kaninchen. Das Wichtigste war, Jan zu befreien. Aber wie sollte sie überhaupt ins Schloß hineinkommen? Sie sah im Mondlicht den Strohhaufen unter dem Vordach und erschrak vor Freude. Stroh! Das war's! Daß sie nicht früher darauf gekommen war!

Ihr Nachbar, der Bauer Wunsiedel, lieferte jede zweite Woche, immer am Dienstagmorgen früh, eine Wagenladung Stroh ins Schloß. Er lud das Stroh am Vorabend auf und deckte eine Plache darüber. Dann stand der Wagen eine Nacht lang draußen vor der Scheune.

In der Nacht vom Montag auf den Dienstag zwang sich Sophie, wach zu bleiben. Als der Mond aufgegangen war, zog sie sich geräuschlos an. Sie hatte unter der Matratze ihre alten Gärtnerhosen und einen Kittel bereitgelegt; in den Taschen steckten allerlei nützliche Dinge: ein Klappmesser, Bindfaden, eine Rolle Schnur, zwei Taschentücher, dazu ein Kanten Brot und ein Zipfel Dauerwurst. Sophie legte einen Zettel aufs Fensterbrett; darauf stand: SUCHT MICH NICHT, ICH KOME WIETER. Sie vergewisserte sich, daß Otto und Gerda schliefen; dann kletterte sie aus dem ebenerdigen Fenster. Sie pirschte sich durch den Garten und schlug den Weg zum Nachbarn ein. Bei einem Kirschbaum blieb sie stehen. Sie stieg auf der angelehnten Leiter ein paar Sprossen empor, pflückte sich eine Handvoll Kirschen und steckte sie in eine der Kitteltaschen, zu Schnur und Faden. Das ist gegen den Durst, dachte sie, und vielleicht mag Jan Kirschen.

Der Wagen stand am üblichen Platz. Die Deichsel war hochgeklappt; die Radnaben glänzten im Mondlicht. Sophie hob die Plache in die Höhe und zwängte sich darunter; dann grub sie sich mit beiden Händen ins Stroh hinein. Allmählich entstand ein Gang. Die Halme zerkratzten ihre Hände, kitzelten ihr Gesicht; endlich war sie weit genug drinnen. Sie preßte das Stroh zusammen, bis eine Höhle entstand, in der sie sitzen konnte. Die Stunden vergingen. Gegen Morgen, als ringsum die Hähne krähten, taten Sophie vom Sitzen die Knochen weh, und sie fror immer stärker. Doch keinen Moment dachte sie daran, ins warme Bett zurückzukehren.

Endlich wurde es lebendig im Haus. Türen gingen; Sophie hörte Stimmen, laute und leise. Der Bauer Wunsiedel ging in den Stall, holte das Pferd heraus und spannte es ein. Mit einem Ruck setzte sich der Wagen in Bewegung. Es geht los, dachte Sophie mit leisem Bangen. Sie schienen endlos unterwegs zu sein. Als es bergauf ging und der Bauer abstieg und mit der Peitsche knallte, wußte Sophie, daß das Schloß nicht mehr weit war.

Der Wagen hielt an, das Pferd schnaubte, Wunsiedel drehte die Bremskurbel.

«So, Bauer», sagte einer der Wächter. «Was lieferst du?»

«Stroh», antwortete Wunsiedel mürrisch. «Wie immer.»

«Weg mit der Plache. Wir müssen alles kontrollieren.»

Wunsiedel machte sich am Wagen zu schaffen. Er löste

die Schnüre und zog die Plache weg; in Sophies Versteck wurde es heller.

«Das sieht tatsächlich nach Stroh aus», sagte der Wächter, und sein Kollege fügte scherzhaft bei: «Aber was hast du darunter versteckt?»

«Was wohl?» erwiderte Wunsiedel.

«Das werden wir gleich sehen.» Die beiden Wächter stachen mit ihren Säbeln von beiden Seiten ins Stroh hinein. Sophie machte sich so klein wie möglich; einmal glitt die Klinge nur um eine Handbreit an ihr vorüber. Dann gaben die Wächter ihr Spiel auf und ließen den Bauern passieren. Das Tor öffnete sich; der Wagen rumpelte über die Holzbrücke und durchs zweite Tor auf den Vorplatz.

Jetzt bin ich im Schloß, dachte Sophie triumphierend; aber ihre Unterlippe blutete ein wenig, denn sie hatte vorhin darauf gebissen.

Der Wagen schwankte über Pflastersteine und hielt wieder an. Wunsiedels Schritte entfernten sich.

Sophie kroch zum Ausgang. Sie streckte vorsichtig den Kopf ins Freie. Der Wagen stand neben dem Stall; mit der Hand konnte sie die gekalkte Wand berühren. Sie ließ sich auf den Boden gleiten. Der Atem stockte ihr, als eine Stimme sagte: «Hörst du? Es sind Mäuse in deinem Stroh.»

«Ach was», sagte Wunsiedel. «Das ist bloß der Wind.»

Beide horchten; Sophie preßte sich an die Stallmauer und rührte sich nicht.

«Na also», sagte Wunsiedel. «Dann wollen wir mal sehen, ob man mich endlich bezahlt für mein Stroh.»

Während die beiden Männer quer über den Hof davongingen, schlich Sophie zur Stalltür und schlüpfte hinein. Es war dämmrig im Stall, es roch nach Pferd, nach Hafer und Dung. Sophie schaute sich um. Sechs Pferde standen, durch Schranken voneinander getrennt, vor ihren Futterkrippen und wandten ihr die Köpfe zu; ein Schimmel scharrte unruhig mit den Vorderhufen.

«Ich tue euch nichts», flüsterte Sophie.

Sie hatte noch einen Rest Brot übrig und gab ihn dem Schimmel zu fressen. Aber was jetzt? Wo fand sie Jan? War er wirklich wieder geschwächt? Vor drei Tagen noch hatte sie ihn in der Kutsche gesehen, blaß wie immer, aber mit einem Lächeln, das ihr gegolten hatte, ihr allein.

Draußen wurde mit dem Abladen begonnen. Ein Knecht, der einen Ballen Stroh auf den Schultern trug, trat in den Stall und warf seine Last auf den Boden; ein zweiter und dritter folgten.

Sophie preßte sich an den Balken und sah dem Staub zu, der im schräg einfallenden Licht auf- und niederstieg. Woher kam denn das Licht? Sie entdeckte die Luke in der Wand; ein Erwachsener hätte sie mit ausgestreckten Armen eben noch erreicht.

Breit genug für mich, dachte Sophie.

Sie wartete, bis die Arbeit getan war und die Männer draußen blieben; dann kletterte sie zur Luke hinauf. Ein paar Haken, an denen Sättel und Pferdegeschirre hingen, gaben ihr Halt. Sie zwängte Kopf und Schultern durch die Öffnung; doch als sie sah, wo sie war, verlor sie beinahe den Mut. Gerade unter ihr lag der Schloßgraben, gefüllt mit Morast, und jenseits des Grabens erhob sich die Umfassungsmauer. Sophie beugte sich hinaus. Schräg unter der Luke gab es ein kurzes vorgeschobenes Mauerstück, das den Gang zwischen dem Stall und dem nächsten Gebäude abschloß, und danach führte ein langer Sims der Rückwand entlang bis zu einem weiteren Fenster, durch welches das Klappern von Geschirr drang.

Das muß die Küche sein, dachte Sophie. Soll ich's versuchen? Sie schob ihre Beine durch die Luke. Da saß sie nun

wie ein zusammengeschnürtes Paket, mit eingezogenem Kopf. Lieber Gott, betete sie, laß mich nicht ins Wasser fallen. Dann sprang sie und landete auf der Mauer. Sie schwankte, hielt sich im Gleichgewicht. Fußbreit um Fußbreit, mit ausgebreiteten Armen, tastete sie sich auf dem Sims vorwärts. Das Küchenfenster war offen. Sophie spähte in den rauchgeschwärzten Raum. Eine alte Frau kauerte vor dem Kamin und fachte mit dem Blasebalg die Glut an. Eine jüngere schüttete Wasser in den Kessel, der am Dreifuß über dem Fenster hing; dann kostete sie mit der Schöpfkelle von der Suppe und verzog den Mund.

«Schmeckt's nicht?» fragte die Alte. «Geh in den Garten, hol ein wenig Majoran und hack es klein. Das tut der Suppe gut.»

Die Jüngere, offenbar die Küchenmagd, ging mißlaunig hinaus.

Ich bin stärker als die Alte, dachte Sophie. Entweder sie hilft mir, oder ich feßle sie an den Herd.

Sophie stieß den Fensterflügel ganz auf. «Hallo», sagte sie. Doch die Alte wandte ihr den Rücken zu und war damit beschäftigt, Karotten zu putzen.

Vielleicht ist sie schwerhörig, dachte Sophie. Sie schwang sich übers Fensterbrett ins Innere – das war, verglichen mit vorhin, ein Kinderspiel –, schlich sich von hinten zur Köchin und berührte sie an der Schulter. Die Alte fuhr herum und ließ das Rüstmesser fallen. «Oh Gott, ein Kind! Kinder sind doch verboten im Schloß. Woher kommst du denn?»

«Ich ... ich komme ... ich gehöre ... Nein, das behalte ich für mich.»

«Wie?» sagte die Köchin verblüfft und legte eine Hand ans Ohr. «Ulrich? Du gehörst zu Ulrich, dem Stallknecht? Wo hat er dich versteckt bisher?»

«Nirgendwo ... ich ...»

«Im Ofenrohr? Mein Gott, das darf er doch nicht!» Sie stutzte. «Oder erlaubst du dir einen Scherz mit mir?»

«Im Dorf war ich», sagte Sophie, und sie wiederholte mit erhobener Stimme: «Im Dorf.»

«Soso. Dort hat er dich versteckt, bei fremden Leuten. Und deine Mutter?»

«Sie ist fortgegangen», sagte Sophie und beschloß, das Mißverständnis gar nicht aufzuklären.

«Und jetzt bist du gekommen, um deinen Papa zu besuchen?»

Sophie nickte. «Ja. Aber eigentlich dürfte ich das nicht. Und wenn man mich erwischt, werde ich weggejagt.»

Die Köchin verstand Sophie jetzt weit besser. «Aus meiner Küche wird niemand verjagt», sagte sie entschieden. «Ein Kind schon gar nicht. Kinder mag ich nämlich. Schon seit Jahren hab ich mich mit keinem mehr unterhalten.»

Sophie bückte sich nach dem Rüstmesser und reichte es der Köchin mit einem Lächeln. Sie nahm es, lächelte zurück und sagte: «Gut erzogen bist du ja. Wie heißt du denn?»

«Sophie», entfuhr es Sophie, bevor sie sich einen anderen Namen ausdenken konnte.

«Sophie? Und ich heiße Marie. Das reimt sich ja.» Die Köchin lachte, so daß ihr Gesicht sich in Falten legte. «Hast du Hunger?» Sie streckte Sophie eine der geputzten Karotten hin, und Sophie biß dankbar hinein.

«Du kannst mir ein bißchen helfen», sagte die Köchin. Sie deutete auf die ungeputzten Karotten, die in einem Eimer voll Wasser schwammen. «Am Dienstag bekommt der Prinz immer seinen Karottenbrei.»

«Ißt er denn Brei?»

«Er verträgt angeblich nichts anderes.»

In diesem Moment kam die Magd mit dem Majoran zurück. Sophie wollte sich hinter dem Herd verstecken; aber die Köchin hielt sie am Ärmel zurück. «Bleib nur. Wir wollen Veronika einweihen.» Sie strich Sophie übers Haar. «Das ist Sophie», sagte sie.

«Kinder sind verboten im Schloß», sagte Veronika hochmütig.

«Aber nicht in der Küche», sagte die Köchin. «Wir können doch Hilfe gebrauchen, nicht wahr?»

Veronika musterte Sophie mürrisch und nickte.

«Für den Fall, daß Sophie sich verstecken muß», fuhr die Köchin fort, «werden wir in der Speisekammer etwas herrichten. Und wenn du deine Zunge nicht im Zaum halten kannst, meine Liebe, dann wird der Hauptmann Roderick erfahren, wer letzthin einen silbernen Löffel vom Gedeck des Königs gestohlen hat.»

Die Magd wurde bleich und begann mit verbissenem Eifer den Majoran zu hacken.

In der Speisekammer verschob Marie geschickt ein paar Kisten, so daß zwischen ihnen ein Hohlraum entstand. «Wenn ich dir ein Zeichen gebe, versteckst du dich hier», sagte Marie. «Alles klar?»

Sophie schlüpfte zur Probe hinter die Kisten. Jedenfalls viel besser als im Stroh, dachte sie und musterte die Gestelle mit all den Vorräten. Mindestens die Hälfte davon waren Gläser mit Zwetschgenkompott. Die kommen von uns, hätte Sophie beinahe verraten; statt dessen fragte sie: «Ißt der König wirklich all das Kompott allein?» Das hatte sie nämlich nie recht geglaubt.

«Er ist ganz versessen darauf. Mit Zucker und Zimt, vor allem mit viel Zimt. Die Schlagsahne hat ihm die Königin abgewöhnt, sonst wäre er längst geplatzt.» Marie kicherte. «Man sagt, er habe überall im Schloß geheime Vorräte angelegt, aus lauter Angst, das Kompott könnte ihm eines Tages ausgehen.»

Sie kehrten in die Küche zurück. Sophie half mit und wurde von Marie gelobt. Sie stellte nebenbei die eine oder andere Frage; so erfuhr sie, in welchem Zimmer der Prinz schlief; sie merkte sich, was die Aufgaben der Wächter waren, wo sie sich tagsüber und nachts aufhielten.

Dreimal im Lauf des Morgens mußte Sophie sich verstecken, zweimal vor harmlosen Besuchern, die etwas abzuliefern hatten; als dritter betrat, kurz vor der Essenszeit, Stanislaus die Küche, um den Karottenbrei zu kosten.

Sophie hätte ihn am liebsten gefragt, wie es Jan gehe; aber natürlich durfte Stanislaus sie weder hören noch sehen. Der Diener aß einen Löffel voll Brei und sagte: «Er ist noch nicht genügend vermanscht.»

«Das sagst du jeden Tag», erwiderte Marie.

«Kein Fäserchen darf er mehr spüren», sagte Stanislaus. «Streich den Brei nochmals durchs Sieb.»

«Wie Ihr befehlt», sagte Marie spöttisch.

«Und nicht zuviel Salz. Dafür ein bißchen mehr Rahm. Und laß den Brei nicht wieder zu heiß werden wie gestern. Der Prinz hätte sich beinahe die Zunge verbrannt.»

«Lauwarm war's. Nicht mal das. Der Prinz ist doch kein Säugling mehr.»

«Wir führen Befehle aus. Wenigstens löffle ich ihm das Essen nicht mehr ein. Das ist schon ein Fortschritt.» Er ging weg, steifbeinig und unglücklich.

Sophie kehrte in die Küche zurück. «Wofür braucht der Prinz bloß seine Zähne?»

«Wart nur», erwiderte Marie, «er wird schon noch beißen lernen.»

In ihrem Versteck war Sophie eine Idee gekommen. Ungesehen steckte sie ein großes Lorbeerblatt in ihre Kitteltasche. «Ich muß mal», sagte sie, und Veronika zeigte ihr den Weg zum Abtritt. Sophie verriegelte die Tür, legte das Blatt auf den Boden und ritzte mit der Spitze ihres Klappmessers eine Botschaft hinein. Das war schwierig und erforderte eine sichere Hand, nicht zuviel und nicht zuwenig Druck. Doch zuletzt stand da: KOM NACH MITERNACHT IN DIE SPEISEKAMER ICH WART AUF DICH SOPHIE. In silbernen Strichen hoben sich die Buchstaben von der graugrünen Oberfläche des Blattes ab.

Von draußen klopfte Veronika an die Tür. «He, du Faulpelz», sagte sie, «Marie läßt fragen, ob du hier übernachten willst.»

Sophie goß Wasser aus dem Kübel in den Abtritt und wusch sich die Hände im Krug. Dann ging sie in die Küche zurück und fuhr fort, den Berg Kartoffeln zu schälen, den Veronika auf den Rüsttisch geschüttet hatte. Aus den Augenwinkeln sah sie, wie die Köchin den Karottenbrei in einen silbernen Teller schöpfte, der auf einem silbernen Tablett stand. Als Sophie sich unbeobachtet fühlte, ließ sie das Lorbeerblatt blitzschnell im Brei verschwinden; danach stülpte Marie, die nichts gemerkt hatte, einen Glasdeckel über den Teller.

Kurz darauf kam Stanislaus zurück. Er hob den Deckel vom Teller, begnügte sich aber mit einem angewiderten Schnuppern. «Was gibt's für uns?» fragte er.

«Kohlsuppe», sagte Marie und deutete mit dem Kochlöffel auf den Kessel über dem Feuer.

«Mit Fleisch?»

«Das ist abgezählt. Für jeden einen Brocken.»

Stanislaus ergriff seufzend das Tablett und marschierte hinaus; er kreuzte sich mit zwei Dienern, die die Kohlsuppe holten. Nachdem auch sie gegangen waren, traute sich Sophie wieder hervor.

«Nun, kleine Sophie», sagte die Köchin. «Länger als bis zum Abend bleibst du nicht bei uns. Dann kehrst du zurück zu deinen Leuten, nicht wahr?»

«Ich möchte aber gerne länger bleiben.»

«Nein, das wird mir zu riskant. Wenn man dich hier erwischt, werfen Rodericks Soldaten uns beide aus dem Schloß. Oder sie tun noch Schlimmeres. Sobald es dunkel wird, mußt du gehen.»

Sophie warf eine geschälte Kartoffel in den Topf zu den andern. Sieben, acht Stunden blieben bis zur Dämmerung; bis dahin mußte sie wissen, was sie tun würde.

12. Kapitel

*in welchem Jan von Afrika erzählt und Sophie
wieder auf dem Küchensims steht*

Jan saß auf seinem Polsterstuhl und schaute verdrossen
zu, wie Stanislaus das Essen hereintrug, das Tablett vor
ihn hinstellte und den Deckel vom Teller hob. Der Karottenbrei sah aus wie immer und roch wie immer. Jan griff
nach dem Löffel mit den abgeschliffenen Kanten.
«Guten Appetit, mein Prinz», wünschte Stanislaus; es
klang wie eine Beileidsbezeugung. «Guten Appetit», wiederholte Raimund, der mit der Wasserkaraffe neben dem
Tisch stand.
Jan aß ein wenig, dann senkte er den Löffel und sagte:
«Ich mag nicht mehr.»
Stanislaus schob den vollen Teller näher zu Jan hin. «Das
geht nicht. Du mußt zu Kräften kommen. Eben bist du
wieder drei Tage im Bett gelegen.»
«Wenn du nicht genügend ißt, bekommst du Muskel-
schwund», sagte Raimund.
Jan legte den Löffel neben den Teller.
«Du willst doch nicht, daß der König die nächste Aus-
fahrt streicht», sagte Stanislaus.

Stumm tauchte Jan wieder den Löffel in den Brei und führte ihn zum Mund. Plötzlich hielt er inne. Etwas Flaches, Schwarzgrünes steckte in der gelbroten Masse. Er schob es mit dem Löffel an den Tellerrand, er packte es mit zwei Fingern und ließ den Brei davon abtropfen; mit dem Zeigefinger der andern Hand strich er neugierig darüber. Merkwürdig, waren da nicht Buchstaben eingeritzt?

«Gib her!» schrie Stanislaus und packte Jans Handgelenk. Während er es festhielt, gelang es Raimund, ihm das Blatt zu entreißen. Aber die paar Sekunden hatten Jan genügt, um einige Wörter zu entziffern. MITERNACHT ... SPEISEKAMER ... WART AUF DICH ..., hatte er gelesen, und in Gedanken automatisch die Rechtschreibefehler verbessert.

«Nur ein Lorbeerblatt», sagte Raimund erleichtert. «Er hätte sich daran verschlucken können. Aber wir waren wachsam, nicht wahr?»

«Gewiß, das waren wir», sagte Stanislaus. «In der Küche haben sie wieder mal geschlampt. Immer dasselbe!»

Raimund warf die drei Blattstücke achtlos in den Abfallkübel.

«Und du», sagte Stanislaus zum Prinzen, «bist in Zukunft nicht so neugierig. Du hast es uns zu melden, bevor du etwas Unbekanntes berührst.» Und wie wenn er sich selber überzeugen müßte, fügte er bei: «Der König will es so.»

Jan versuchte, ein harmloses Gesicht zu machen; doch die Gedanken wirbelten ihm durch den Kopf. Wenn er sich die Botschaft auf dem Blatt richtig zusammenreimte, dann forderte ihn jemand auf, um Mitternacht in die Speisekammer zu kommen. Aber wer nähme denn soviel Gefahren in Kauf, um ihn zu treffen? Jan hatte einen Verdacht, der sein Herz schneller schlagen ließ. Nein, das konnte nicht sein … Und wenn doch, wie sollte er die Wächter überlisten? Das ging nicht mehr so leicht wie damals, als er Stanislaus und Raimund mit Baldrian eingeschläfert hatte. Seither war die Bewachung verstärkt worden; draußen im Gang standen Soldaten, die alle zwei Stunden abgelöst wurden. Wollte ihm jemand eine Falle stellen? Mit halb geschlossenen Augen saß Jan da und preßte die Handflächen gegeneinander. Und dann hatte er einen Einfall.

Es wurde langsam dunkel; Marie zündete das erste Wachslicht an. Für Sophie war es Zeit, sich zu verabschieden. Sie drückte Marie die Hand, sie nickte Veronika zu.
«Alles Gute», sagte die Köchin. «Komm mal wieder, aber lieber erst, wenn die Zeiten sich gebessert haben.»
«Macht die Augen zu», sagte Sophie. «Ihr dürft nicht sehen, wohin ich gehe, das ist geheim.»
Der Vorplatz war leer. In der Nähe quakten Enten; von irgendwoher ertönten Hammerschläge. Sophie schlüpfte ins Freie, verbarg sich aber sogleich hinter einem Mauervorsprung. Sie wußte jetzt, wo sie warten wollte. Schritte näherten sich, die taktmäßig von den Mauern widerhallten. Das mußten die Soldaten auf ihrem Rundgang sein. Sophie bewegte sich, immer dicht an der Mauer, von ihnen weg. Dann bog sie in den schmalen Gang ein, der das Küchengebäude vom Pferdestall trennte. Dort war's schon beinahe finster, und der Streifen Abendhimmel über ihr schien plötzlich doppelt so hell zu sein. Sophie kletterte auf die Mauer, auf der sie am Morgen bei ihrem Sprung gelandet war. Noch einmal überwand sie ihre Angst und ging dem Sims entlang zum Küchenfenster. Sie ertastete zwei eiserne Haken, an denen sie sich festhalten konnte.

Das ist der sicherste Ort, dachte sie; hier wird mich niemand finden.

Drinnen in der Küche rumorte Marie mit Pfannen und Töpfen; sie rief unwirsch Veronika herein, die offenbar den Soldaten einen Schluck Wein angeboten hatte.

Sophie schob ein Stecklein, das sie mitgenommen hatte, in den Spalt über der untern Fensterangel; so konnte das Fenster nicht mehr ganz geschlossen werden. Wenn die wüßten! dachte sie.

Pünktlich um neun Uhr lag Prinz Jan in seinem Bett. Der König hatte ihm bereits Gute Nacht gewünscht; jetzt wartete er darauf, daß seine Mutter erschien, um sich, wie jeden Abend, für eine Weile zu ihm zu setzen. Auch wenn sie beim König meist wenig erreichte, so war sie doch der einzige Mensch, von dem er sich ein wenig verstanden fühlte, und ohne ihren Trost hätte er's, so glaubte Jan, keinen Tag länger ausgehalten.

Da kam sie in ihrem tiefblauen Seidenkleid, mit dem offenen Haar, das auf ihre Schultern fiel, und Jan wünschte sich zum erstenmal, sie wäre schon wieder gegangen.

«Nun, mein Junge?» Sie ergriff Jans Hand und streichelte sie. «Du hast eine gesunde Farbe heute. Richtig rote Wangen.»

Jan, der fühlte, wie sie brannten, sagte nichts.

«Hat man dich an die frische Luft gelassen?»

Er schüttelte den Kopf.

«Ich werde deinen Vater bitten, dir weitere Spaziergänge zu bewilligen. Das würde dich doch freuen?»

Jan nickte.

«Man darf nicht locker lassen, findest du nicht auch?»

Jan schwieg und gähnte vernehmlich.

«Warum bist du heute so schweigsam?»

«Ich bin müde, Mama. All diese Ländernamen im Erdkundeunterricht. Äthiopien, Senegal, Madagaskar ...» Er schloß die Augen; seine Stimme wurde schläfriger von Name zu Name.

Isabella lachte; aber es war ein trauriges Lachen. «Dann schlaf gut. Heute brauchst du wohl keine Beruhigungstropfen.» Ihre Lippen streiften seine Stirn; sie ging hinaus.

Stanislaus und Raimund nahmen in ihren Sesseln Platz; Stanislaus legte sich das dicke Buch über die Knie, aus dem er vorlesen wollte. «Nun, wo sind wir gestern stehengeblieben?»

«Ich denke dort», sagte Raimund, «wo der Zauberer Merlin sich mit König Arthur berät.»

«Ach ja.» Stanislaus blätterte zerstreut im Buch. «Ich habe wohl das Zeichen verlegt ...»

«Warum soll nicht *ich* euch eine Geschichte erzählen?» fragte plötzlich Jan. «Ich wüßte eine. Eine sehr schöne und sehr lange.» Die roten Flecken auf seinen Wangen glühten.

«Du? Eine Geschichte? Eine selbsterfundene?» Stanislaus rieb verblüfft seine Nase. «Ob das wohl erlaubt ist?» wandte er sich an Raimund.

«Ich bin mir nicht sicher», sagte dieser. «Ich meine, es könnte ihn doch allzu sehr anstrengen ...»

«Ich habe aber Lust zum Erzählen», sagte Jan.

«Na gut», sagte Stanislaus. «Aber sobald es dich anstrengt, mußt du aufhören.» Er klappte das Buch zu und schlug die Beine übereinander. Im Grunde genommen freute er sich, einmal nur zuhören zu dürfen, und er war gespannt, was für eine Geschichte der Prinz erfunden hatte.

«Es war einmal ein kleiner Junge», sagte Jan, «der lebte in Afrika, am Rand der großen Steppe.»

Raimund faltete die Hände über dem Bauch und lächelte behaglich. Die Soldaten vor der Tür horchten auf und traten zögernd über die Schwelle. Sie wollten auch zuhören, und genau das hatte Jan beabsichtigt. «Setzt euch doch», sagte er zu ihnen. «Es ist unbequem, einer Geschichte im Stehen zuzuhören. Ihr könnt mich ja trotzdem bewachen.»

«Das ... das geht gegen die Vorschriften», sagte Stanislaus ohne große Überzeugung. Aber die Soldaten schauten einander an und setzten sich auf den Boden.

«Es war einmal ein kleiner Junge», fing Jan nochmals an, «der lebte ganz allein in Afrika, am Rand der großen Steppe. Eines Tages sagte ihm ein Marabu: Hör zu, jenseits der Steppe, dort wo die Berge sind, ist ein Schatz verborgen, der gehört dir, wenn du ihn findest. Und der kleine Junge beschloß aufzubrechen und den Schatz zu suchen.»

Jan hatte am Nachmittag das Lexikon, Band H, verlangt und vorgegeben, er wolle etwas über den «Himalaja» erfahren; in Wirklichkeit hatte er den Artikel über «Hypnose» nachgeschlagen. Er wußte, daß es jetzt darauf ankam, allmählich langsamer und eintöniger zu sprechen und die Zuhörer durchdringend anzuschauen.

«Der Junge brach also auf», fuhr Jan fort. «Er ging durchs hohe Gras, er ging eine Stunde, er ging zwei Stunden, und die Sonne stieg immer höher, und es wurde immer heißer. Er ging und ging, und mit jedem Schritt wurde er müder.»

Raimund gähnte verstohlen, und Stanislaus versank etwas tiefer in seinem Sessel, während er murmelte: «Na ja, das ist ja nicht gerade spannend.»

«Der Junge ging und ging», sagte Jan. «Er kam zu einem Affenbrotbaum, er ging weiter, er kam zum nächsten Affenbrotbaum, er ging weiter. Aber er ging immer langsamer. Ich bin müde, dachte der Junge, ich bin ja so furchtbar müde. Wie soll ich da weitergehen? Und doch ging er weiter und fiel vor Müdigkeit fast um.»

Nun gähnten auch die beiden Soldaten.

«Du ... du solltest aufhören», sagte Raimund mit schleppender Stimme. «Das Erzählen strengt dich zu sehr an.»

Jan überhörte ihn und sagte: «Es wurde Mittag, und der Junge ging immer noch durchs Gras, und bei jedem Schritt hatte er das Gefühl, seine Beine würden schwerer und schwerer. Ich bin müde, dachte der Junge, so furchtbar müde, ich will mich im Schatten irgendwo hinlegen und ein wenig schlafen.»

«Ja», sagte Stanislaus schläfrig, «das ist das beste für ihn ... er soll ruhig ein Nickerchen ... ein Nickerchen ...» Er gähnte und hatte kaum noch die Kraft, die Hand vor den Mund zu halten.

«Der Junge», sagte Jan, «legte sich in den Schatten einer Tamarinde. Er schloß die Augen und dachte: Ach, ich bin ja so müde. Jetzt schlafe ich gleich ein ...»

Einer der Soldaten schnarchte bereits; er war mit dem Oberkörper von der Wand hinuntergerutscht und hatte dem andern, der ununterbrochen blinzelte, den Kopf auf die Schulter gelegt. Mit kleinen Schnaufern wehrte sich Raimund gegen den Schlaf und versuchte, sich aus dem Sessel hochzustemmen.

Nicht nachlassen, sagte sich Jan. Weiter. Erzähl weiter.

«Der Junge», fuhr er fort, «lag auf dem Rücken. Wie bin ich müde, dachte er, wie unendlich müde. Ich will jetzt schlafen, niemand hindert mich am Schlafen, es ist wunderschön, so müde zu sein und einzuschlafen ... Ich bin müde ... ich schlafe ja schon ...»

Jetzt waren auch Stanislaus und Raimund eingeschlafen, und der zweite Soldat glitt sanft, den ersten an der Schulter, auf den Boden, wo die beiden, wie in einer ungewollten Umarmung, liegen blieben.

Lautlos stand Jan auf und raffte seine Kleider zusammen, die über einer Stuhllehne hingen. Er ging um die beiden Sessel herum, er stieg über die Beine der Soldaten hinweg. Dann beugte er sich über den vordern, löste den Schlüsselbund von dessen Gürtel und steckte ihn in sein Kleiderbündel. Der Soldat bewegte die rechte Hand, als wolle er eine Fliege verscheuchen; aber Jan hatte sich schon von ihm entfernt. Er trat in den Gang hinaus und stieß an eine Lanze, die an die Wand gestellt war. Sie wäre mit Getöse auf den Boden gefallen, wenn er sie nicht im Fallen gepackt und wieder aufgestellt hätte. Danach rührte er sich eine Weile nicht mehr vom Fleck; im Mondlicht, das durch die vergitterten Fenster sickerte, sah er wie ein Standbild aus. Doch niemand war erwacht, niemand hielt ihn zurück; auf bloßen Füßen schlich er weiter.

In der Speisekammer war Jan noch nie gewesen; aber er wußte genau, wo sie lag, nämlich hinter dem Küchengebäude. In der großen Halle zog er endlich seine Kleider an, die Samthosen, die Kniestrümpfe, das Hemd, die Weste. Es dauerte einige Zeit, bis alles saß, wie es sollte. Aber er brauchte sich nicht zu beeilen; MITERNACHT war noch fern. Jan rollte seinen Pyjama zusammen und versteckte ihn hinter einer der Marmorsäulen. Dort würde man ihn morgen finden; aber was morgen sein würde, war Jan in diesem Augenblick egal.

Wie lange das dauerte! Ständig fand Marie noch etwas zum Aufräumen, zum Putzen. Sie schlurfte in der Küche herum, hängte ein Drahtsieb auf, band Kräuterbüschel zusammen. Sophie stand draußen auf dem Sims, dicht neben dem Fenster, und spähte in die Küche hinein. Manchmal erkannte sie nur das Windlicht, dann Maries Schatten, der über die Wände glitt, oder Marie selbst, eine dunkle Gestalt im halbdunklen Raum.

Lange halt ich's nicht mehr aus, dachte Sophie. Ihre Hände, mit denen sie seit zwei, drei Stunden die Eisenhaken umklammerte, brannten wie Feuer. Sie stellte sich vor, wie es wäre, loszulassen und rückwärts in den Graben zu klatschen. Schwimmen konnte sie zwar; aber da unten war eher Schlamm als Wasser, und davor grauste ihr.

Endlich breitete Marie ihre Decke aus. Aber wo? Viel zu nahe bei der Speisekammer, eigentlich genau davor. Das war schlecht; Jan würde nicht wissen, daß da jemand lag; er würde über Marie stolpern und sie wecken.

Marie murmelte im Knien ein Gebet; dann wickelte sie sich in die Decke und blies das Licht aus. Drinnen war's jetzt so finster, daß Sophie keinen Gegenstand mehr vom andern unterscheiden konnte.

Sie stieß mit großer Vorsicht das Fenster auf und horchte, ob Marie sich bewegte. Nichts. Sie zog sich aufs Fensterbrett hinauf und ließ sich rückwärts in die Küche gleiten. Ich muß Jan abfangen, bevor er hierherkommt, dachte Sophie. Sie verrieb etwas Speichel auf ihren Händen, um das Brennen zu lindern. Zwischen Kupferkesseln und Säcken hindurch, am Kochherd, an der schlafenden Marie vorbei tastete sie sich zur Tür, die glücklicherweise niemand verriegelt hatte; dann stand sie im Freien auf dem Vorplatz, und der Dreiviertelmond warf ihren Schatten auf die Pflastersteine.

13. Kapitel

*in welchem Sophie und Jan zusammen
Kirschen essen*

Jan hatte eine Zeitlang hinter einer Säule gesessen und zugeschaut, wie ein Streifen Mondlicht über die Fliesen wanderte. Er begann zu frieren. War es wohl schon Mitternacht? Das Portal lag im Dunkeln. Verräterisch klirrten die Schlüssel, als er sie ausprobierte. Endlich ließ sich einer herumdrehen, und Jan mußte dazu seine ganze Kraft aufwenden.

Im gleichen Augenblick wurde von der anderen Seite die schwere Klinke niedergedrückt und der eine Türflügel langsam aufgestoßen; eine Lichtbahn fiel in die Halle. Jan fuhr zurück; er sah sich schon von Rodericks Soldaten umzingelt. Aber herein huschte eine kleine Gestalt und stieß mit Jan zusammen. Beiden entfuhr ein Laut des Schreckens.

«He», flüsterte der Eindringling und hielt Jan, der sich stumm entwinden wollte, am Ärmel fest. «Bist du nicht der Prinz?»

Jan versuchte, das Gesicht seines Gegenübers zu erkennen. «Ja», flüsterte er. «Und du?»

113

«Ich hab doch auf dich gewartet. Aber in der Speisekammer ist's zu unsicher, da schläft die Köchin vor dem Eingang, und draußen gehen die Soldaten auf und ab. Da hab ich gedacht, ich komme dir entgegen.»

Durch Jans Kopf rasten die Gedanken. Das war er, der Augenblick, für den er so lange geübt hatte. Er trat zwei Schritte zurück; er verbeugte sich; er schluckte leer und sagte mit belegter Stimme: «Hallo, guten Tag. Ich heiße Jan. Wie heißt du?»

«Sophie. Ich hab dir doch geschrieben. Aber red nicht so laut. Die Wache ist auf dem Rundgang, sie kommt bald wieder hier vorbei.»

Jan räusperte sich. Er war froh, daß Sophie seinen roten Kopf nicht sah. «Hallo», wiederholte er flüsternd. «Wollen wir ... wollen wir miteinander spielen?»

Sophie lachte. «Später, klar. Aber erst mußt du hier heraus. Kennst du ein sicheres Versteck, wo wir reden können? Oder darfst du dich nicht einmal im Schloß frei bewegen?»

Noch niemand hatte Jan in so kurzer Zeit so viele Fragen gestellt. «Ein Versteck ... ein sicheres Versteck ... Ich weiß nicht ... ich ...»

«Ich habe an die Plattform gedacht. Dorthin kommt nachts bestimmt niemand. Was meinst du dazu?»

Woher weiß sie das? dachte Jan. Und er antwortete: «Ja ... dort sind wir sicher ... das heißt, solange sie mich nicht suchen ...»

«Wie bist du ihnen überhaupt entwischt?»

«Ich ... ich habe sie hypnotisiert.» Jan räusperte sich wieder, aber diesmal vor Stolz.

«Donnerwetter! Das kannst du?»

Geräusche ließen sie zusammenfahren. Das untere Tor quietschte in den Angeln.

«Rasch, rasch.» Sophie schob den offenen Türflügel von innen zu; sie stand so nahe bei Jan, daß er ihren Atem spürte.

«Wie kommt man zur Plattform?» fragte Sophie.

«Dort drüben, die Tür neben dem Fensterchen, die führt in den Hof.»

«Ist die Tür offen?»

«Nein, aber ich habe die Schlüssel.»

Sophie zog Jan an der Hand über die Bänder aus Mondlicht, die auf dem Boden lagen; bei der gegenüberliegenden Tür strich sie ein Schwefelhölzchen an, um Jan zu leuchten, und bevor es verglüht war, hatte er die Tür zu seiner Verwunderung schon aufgeschlossen. Sie rannten quer über den Hof; sie stiegen die Wendeltreppe empor. Oben auf der Plattform schauten sie sich um.

«Schau, dort ist ein guter Platz», sagte Sophie. Sie setzten sich nebeneinander auf den Boden, so daß sich ihre Arme fast berührten, und lehnten sich mit dem Rücken ans Holzgeländer. Vor den Mond hatte sich eine Wolke geschoben; aber sie sahen die Sterne über ihren Köpfen, und von der Ebene stieg der Geruch nach gemähtem Gras zu ihnen auf.

«Es ist gut, daß du da bist», sagte Jan.

«Findest du?»

«Ich hätte nicht gedacht, daß du's schaffst.»

«Du darfst mich nicht unterschätzen, Jan. Aber du hast recht, es war eine verzwickte Geschichte.» Und während der Mond wieder hinter den Wolken hervortrat, erzählte sie alles der Reihe nach, vom Strohversteck bis zum zweiten Sprung in Maries Küche. Jan schaute sie respektvoll von der Seite an. Ihm schauderte, wenn er sich vorstellte, wie sie auf dem schmalen Sims über dem Wasser stand.

«Aber warum hast du das getan?» fragte er zaghaft.

«Weil ich nicht will, daß sie dich noch länger einsperren. Die Frage ist nur: Wie kommen wir hier am besten hinaus?»

«Keine Ahnung. Ich hab's mir selber schon oft überlegt. Aber was täten wir denn, wenn wir draußen wären? Die würden überall nach uns suchen.»

«Das laß meine Sorge sein. Draußen kenne ich genügend Schlupfwinkel. Ich weiß auch, wo wir was zu essen kriegen. Hast du Hunger?»

«Eigentlich nicht. Oder nur ein bißchen.»

«Magst du Kirschen?»

«Kirschen?» Jan überlegte, was er darüber in Büchern gelesen hatte: Kirschen sind, je nach Sorte, die süßen oder süßsauren Früchte des Kirschbaums; sie gehören zur Familie des Kernobstes.

«Ich habe dir welche mitgebracht.» Sophie kramte in ihren Taschen. «Schade, die meisten sind zerdrückt. Sieh her!» Auf ihrem Handteller lagen ein paar zerquetschte Kirschen. «Willst du probieren? Die zwei hier sind noch fast ganz.»

Sie streckte ihm die Hand hin; der Kirschenduft stieg Jan in die Nase.

«Ich habe ... ich habe», druckste er herum, «noch nie Kirschen gegessen. Ich weiß nicht, ob ...»

«Ach so, sie füttern dich ja mit Brei. Aber jetzt mußt du dich umgewöhnen.»

Argwöhnisch betrachtete Jan die Kirschen in Sophies Hand. «Ich meine, es ist doch sehr gefährlich.»

Sophie lachte leise. «Wegen der Kirschsteine? Keine Spur. Ich zeig's dir.» Sie steckte sich eine Kirsche in den Mund. «Siehst du? Den Stiel abzupfen ... kauen ... schlucken ... natürlich ohne den Stein, den behältst du zurück und spuckst ihn aus. So!» Sie ließ den Stein zwischen ihren

Lippen hervorhüpfen; er landete auf dem Boden und kollerte noch ein bißchen weiter.

Jan nahm mit zwei Fingern eine Kirsche aus ihrer Hand und steckte sie in den Mund. Was für ein neues Gefühl beim Beißen! Jan kostete das süße Fruchtfleisch, den Saft, der sich im Gaumen verbreitete, und da war der Stein.

«Au», sagte Jan und hielt erschrocken im Kauen inne.

«Hast du auf den Stein gebissen?» fragte Sophie. «Du mußt ihn mit der Zunge nach hinten schieben, sonst bricht dir ein Zahn entzwei. Schluck jetzt!»

Beinahe wäre der Stein mitgerutscht. Jan versuchte ihn auszuspucken, wie's Sophie vorgemacht htte; aber er glitt ihm kläglich übers Kinn und fiel ihm in den Schoß, von wo Jan ihn beschämt entfernte.

«Du mußt üben.» Sophie hielt ihm eine zweite Kirsche hin. «Aber es hat geschmeckt, wie?»

Jan nickte. Er griff nach der Kirsche, und ihre Finger berührten sich. Beim vierten oder fünften Versuch gelang es ihm, den Kern tatsächlich auszuspucken.

«Gut, daß es noch nicht hell ist», sagte Sophie und wischte ihre Hände an den Hosen ab. «Wir sehen bestimmt zum Fürchten aus.»

«Ich will nicht, daß es hell wird», sagte Jan. «Sobald sie erwachen, werden sie mich vermissen und überall nach mir suchen.»

Sophie legte kurz ihre Hand auf seine. «Hast du kalt?»

«An den Füßen mehr als an den Händen.»

«Du trägst doch Strümpfe.» Sie nahm seinen linken Fuß zwischen ihre Hände und begann ihn sachte zu reiben und zu kneten.

«Aber keine Schuhe. Ich dachte, die machen zuviel Lärm.»

«Ich bin barfuß. Und ich friere nicht. Du mußt dich bloß daran gewöhnen.»

Jan kämpfte gegen das warme Behagen, das jetzt von seinen Füßen ausging. «Wir müssen uns entscheiden, was wir wollen», sagte er. «Hier können wir nicht mehr lange bleiben.»

«Was meinst du zum Brunnen? Ich klettere am Seil in den Schacht und schaue, ob es irgendwo einen Seitengang hat. Das ist oft so bei alten Brunnenschächten, und dann ...»

«Du bist nicht bei Trost! Willst du, daß wir beide ins Wasser fallen und ertrinken?» Jan klapperten die Zähne, ob vor Angst oder vor Kälte, wußte er selber nicht.

«Dann überleg dir was anderes. Komm, hüpf ein bißchen herum.» Sie zog ihn auf die Füße und drehte sich mit ihm im Kreis, wie bei einem Tanz ohne Musik.

«Hör auf ... hör auf ...», keuchte Jan. «Das macht Lärm ... und mir wird schwindlig.»

«Still», sagte Sophie auf einmal. Sie lauschten. Das Schloß schien zur Unzeit erwacht zu sein. Sie hörten Rufe, das Trampeln von Stiefeln; Türen wurden auf- und zugeschlagen, und die ganze Unruhe näherte sich wie ein grollendes Sommergewitter dem Hof.

«Jemand hat Alarm geschlagen», sagte Jan. «Und jetzt kehren sie das Unterste zuoberst, wie letztesmal, als ich auf der ... auf dem Baum war. Was tun wir bloß?»

Sophie hatte Jans Handgelenk gepackt. «Auf den Baum bist du geklettert? Gut, das tun wir jetzt auch.»

«Das geht doch nicht, er ist ja rundum verschalt.»

«Eben darum. Dann sieht uns niemand. Komm!» Sie zog ihn zur Mitte der Plattform, wo aus dem umzäunten Loch die Eichenäste wie ein häßlicher Besen aufragten.

Unten öffnete sich das Portal, Licht fiel in den Hof, Soldaten, Diener durchquerten ihn im Laufschritt; irgendwo hörte man den Hauptmann Roderick brüllen.

«Achte nicht auf sie!» zischte Sophie. «Schnell, hilf mir hinauf!» Jan mußte seine Hände ineinanderflechten, Sophie benützte sie als Trittleiter, zog sich auf die Brüstung hinauf, schwang ein Bein hinüber, saß rittlings da, streckte die Hand aus, um Jan heraufzuhelfen. Dann saßen sie einander gegenüber, ganz nahe bei den Zweigen und Ästen, die aus der Tiefe zu ihnen heraufwuchsen. Wieder Lichter unten im Hof, Rodericks Stimme; Stiefel polterten die Treppe hinauf.

«Jetzt», sagte Sophie. Sie griff nach einem Ast, ließ sich fallen, fand mit den Füßen Halt auf einer Astgabel; dann kletterte sie weiter nach unten, jetzt schon unsichtbar, während die Verfolger beinahe die Plattform erreicht hatten.

«Iche, liebe Iche», sagte Jan, «bitte hilf mir, ich bin's, der Prinz.»

Spring, Jan, spring! hörte er's wispern. Und er sprang, gerade bevor der erste Soldat die Plattform betrat. Zweige wichen auseinander, andere schlossen sich zusammen, fingen ihn auf wie eine federnde Matte; von Ast zu Ast glitt er tiefer, und plötzlich stand er auf der Astgabel, wo Sophie schon auf ihn wartete.

«Gut gemacht, Jan», flüsterte sie und schlang einen Arm um ihn, damit er nicht das Gleichgewicht verlor. «Hast du dir weh getan?»

Jan schüttelte den Kopf.

Oben auf der Plattform stapften die Soldaten herum. «Leuchtet hierhin ... nein, dorthin, ihr Trottel!» schrie der Hauptmann Roderick.

Bei Jan und Sophie herrschte ein merkwürdiges Zwielicht, das nicht nur von oben, sondern auch vom Stamm zu kommen schien. Sie sahen ihre Gesichter gerade noch als hellen Fleck, und doch spürten sie, daß sie beide lächelten.

«Siehst du?» flüsterte Sophie. «Hier sind wir sicher.»

Eine weitere Gruppe polterte die Treppe hinauf.

Jemand fragte außer Atem: «Habt ihr ihn?»

«Mein Vater», flüsterte Jan.

«Ich bedaure, Majestät», antwortete Roderick. «Keine Spur bisher.»

«Dann ist er weg, aus dem Schloß geflüchtet.»

«Unmöglich, Majestät. Aus dem Schloß entkommt niemand.»

Die Treppe knarrte; der König stieg die letzten Stufen hinauf und murmelte dabei: «Womit habe ich das verdient? ... Dieser undankbare Junge! ... Das Beste habe ich immer nur für ihn gewollt ... das Allerbeste ...»

«Verlier jetzt nicht den Kopf, Mann», sagte eine Frauenstimme.

«Meine Mutter», flüsterte Jan. «Sie ist auch dabei.»

«Majestät», rief ein Soldat, «hier sind Flecken ... noch feucht!»

«Laß sehen», sagte Roderick. «Alle Laternen hierher. Na, wird's bald!»

Gepolter, Stiefeltritte, ein langes Schweigen. Dann stöhnte der König: «Blut ... es ist Blut ... man hat ihn umgebracht! Erstochen! Ich hab's immer vorausgesehen!» Der König schnüffelte und wischte sich die Augen. «Isabella, dein Taschentuch.»

«Wer sollte so was Sinnloses und Schreckliches tun?» fragte Isabella.

«Wer?» schrie der König. «Mörder! Staatsfeinde! Das Land wimmelt von ihnen! Ich werde sie ausrotten! Jawohl, ausrotten werde ich sie!»

121

«Wir brauchen Beweise», sagte Roderick. «Wir müssen die Leiche finden.»

«Die Leiche», wiederholte der König fassungslos.

Da meldete sich Stanislaus zu Wort. «Hier liegt ein Kirschstein», sagte er. «Hier noch einer. Darf ich's wagen, Majestät, einen ketzerischen Gedanken zu äußern? Es ...»

«Kirschsteine, tatsächlich», sagte Isabella. «Das heißt, das Blut ist vielleicht gar kein Blut.»

«Sondern Kirschsaft», ergänzte Raimund erleichtert.

«Das soll der Leibarzt untersuchen», sagte Ferdinand. «Wo ist er denn? Zehn Stockhiebe für ihn, wenn er sich wieder verschlafen hat. Wie kämen überhaupt Kirschen hier herauf? Nimmt jemand im Ernst an, der Prinz veranstalte hier oben ein Mitternachtspicknick?»

«Genau», flüsterte Sophie, und Jan legte ihr einen Finger auf den Mund.

«Ganz abgesehen davon, daß ihm Kirschen strengstens verboten sind. Mein Gott, er könnte an den Steinen erstickt sein!»

«Dann läge er vermutlich hier», sagte die Königin.

«Eines ist sicher: Wer immer ihm Kirschen gegeben hat, kommt vors Staatsgericht. Und jetzt weitersuchen!»

Rodericks Absätze knallten zusammen. «Zu Befehl, Majestät. Als erstes durchkämmen wir den Wassergraben.»

«Gut. Sobald der Morgen graut, wird die Suche auf ganz Zipfelland ausgedehnt. Ich will nicht hoffen, daß einer meiner Untertanen den Prinzen bei sich versteckt hat, sonst verwandle ich, so wahr ich hier stehe, mein Reich in ein einziges Gefängnis!»

«Übertreib jetzt nicht», sagte Isabella.

Der König räusperte sich. «Wenn er lebt, was wir alle hoffen, kommt auch er diesmal nicht ohne Strafe davon. Sie ... sie darf ihm nur nicht schaden.»

«Soldaten, rechtsum!» befahl Roderick. «Vorwärts, marsch!» Und der ganze Troß polterte die Treppe hinunter.

14. Kapitel

*in welchem ein Soldat in Gefangenschaft gerät
und Jan und Sophie einen Tunnel graben*

«Puh», sagte Sophie halblaut, als der Lärm verhallt war.
«Dein Vater ist ein Ekel.»

«Wenn sie dich nur nicht erwischen», sagte Jan.

«Hier entdeckt uns niemand.»

«Aber wir können ja nicht ewig hier bleiben.»

«Bald sind sie alle unterwegs, um dich zu suchen.»

«Und dann? Beim Tor steht Tag und Nacht eine Wache.»

«Ich habe was vor, was Kühnes.»

«Was denn? Sag's mir!»

«Später. Ich glaube, du würdest zu sehr erschrecken. Für
den Moment ist's doch ganz hübsch hier, und wir haben
Zeit, miteinander zu plaudern.»

In der Tat, sie saßen wie in einem vielästigen Haus; nur
das Dach fehlte, und deshalb sahen sie, wie über den
Zweigen der Himmel heller wurde und die Sterne ver-
blaßten.

«Sieh doch», sagte Sophie und berührte seinen Arm. «Der
Morgen!»

Aber Jan folgte nicht ihrem Blick. Warum verschweigt

sie mir ihren Plan? dachte er. Warum vertröstet sie mich auf später? Ich bin doch kein kleines Kind mehr. Aber er wagte nicht, eine klare Antwort zu fordern.

Sophie brach mit ihrem Lachen das Schweigen.

«Du bist rot um den Mund.»

«Du auch», sagte Jan und wischte sich mit dem Ärmel über die Lippen.

Halblaut redeten sie miteinander, manchmal ernst, manchmal scherzend. Wenn Türen in der Nähe gingen, wenn sie Schritte, Zurufe, Säbelklirren hörten, verstummten sie; doch sobald die Gefahr vorbei war, sprachen sie weiter.

Manchmal bewegten sie vorsichtig die Glieder; manchmal lauschten sie auf die Eiche. Wo sie saßen, gab es kaum noch grüne Blätter. Die kahlen Zweige wirkten wie ein Gerippe, und was Jan vernahm, war nicht mehr das Rauschen und Wispern, sondern ein Knacken, ein Knistern von weither, als ob die dürren Zweige abzubrechen drohten. Mit mir ... mit mir ..., so glaubte Jan die Eiche zu verstehen, geht's zu Ende ... Mehr Licht brauche ich ... mehr Wasser ... Wasser, das über alle Blätter rinnt ... zu den Wurzeln...

Wenn ich nur die Macht hätte, dir zu helfen, dachte Jan.

Reiß die Wände ein, die Mauern, antwortete die Eiche.

Ich bin zu schwach dazu, antwortete Jan.

«Woran denkst du?» fragte Sophie. «Du machst so ein bekümmertes Gesicht.»

«An unseren Baum. Daran, daß er zugrunde geht.»

«Vielleicht täuschst du dich. Eichen sind zäh. Zum Glück trägt sie uns noch. Sie wird uns auch das Holz liefern, das wir brauchen. Danke, liebe Eiche.»

«Das Holz?»

Sophie lachte ihr Sophie-Lachen.

«Frag nicht weiter. Es soll eine Überraschung werden.»
So schwieg Jan wieder und schwankte zwischen Angst und Vertrauen.

Die Sonne stand unterdessen beinahe über ihren Köpfen, und die kahlen Zweige gaben nicht mehr viel Schatten.

«Es ist heiß», sagte Jan. «Ich habe Durst.»

«Hab Geduld. Sobald sie außerhalb des Schlosses nach dir suchen, können wir hier weg.»

«Du täuschst dich. Roderick ist schlauer, als du denkst.»

Und Jan behielt recht: Bevor Roderick seine Armee und den Hofstaat ausschwärmen ließ, ordnete er an, daß fünf wichtige Stellen im Schloß bewacht bleiben müßten. Eine davon war der Innenhof. Und so hörten Jan und Sophie plötzlich ganz in der Nähe die Stimme eines Soldaten: «Jawohl, zu Befehl! Kennwort Tiger. Auf Feinde wird geschossen.»

«Richtig», entgegnete Roderick. «Ablösung um sechs. Augen und Ohren offenhalten!»

«Und jetzt?» fragte Jan, nur die Lippen bewegend.

Sophie rutschte so nahe wie möglich zu ihm heran. «Wir warten einfach», flüsterte sie in sein Ohr.

Sie warteten lange. Sophie hoffte, der Soldat werde vielleicht müde, setze sich und döse ein bißchen. Aber pausenlos ging er auf und ab und führte dabei Selbstgespräche. Pünktlich um sechs wurde er abgelöst.

«Alles in Ordnung?» fragte der Neue.

«Alles in Ordnung. Ihr habt ihn noch nicht?»

«Nein. Bei Dunkelheit wird die Suche mit Fackeln fortgesetzt. Befehl des Königs.»

«Verdammter Balg!»

«Na ja. Es soll noch ein anderes Kind verschwunden sein. Ein Mädchen aus dem Dorf. Man vermutet einen Zusammenhang.»

«Zusammenhang? Da seh ich keinen. Was denkt denn Roderick? Daß sie den Prinzen entführt haben?» Er lachte.
«Ich geh jetzt und melde mich zurück», sagte der erste.
«Mach's gut, Kamerad.»
Der Neue trällerte und pfiff ununterbrochen vor sich hin, und das erlaubte Jan und Sophie, ein wenig verständlicher miteinander zu sprechen.
«Jetzt suchen sie auch dich», flüsterte Jan.
Sophie nickte. «Das nützen wir aus.»
«Wie denn?»
«Wir locken ihn in eine Falle.»
«Ist das nicht gefährlich? Er hat doch ein Gewehr.»
«Wir müssen's trotzdem riskieren. Oder willst du hier verdursten?» Sie flüsterte ihm ihren Plan ins Ohr, und beklommen stimmte Jan zu.

Es wurde dunkel; bleich stand der Mond über ihnen. Alles beinahe wie gestern.
«So so», sagte der Soldat halblaut. «Nun mach ich mir ein hübsches Feuerchen und brate mir ein paar Kartoffeln ...
Woher nehm ich bloß das Holz?» Er schien eine Weile zu überlegen. «Ach ja, dort oben, da ist soviel dürres Holz, wie ich will.»
Und schon stieg er pfeifend die Wendeltreppe empor.
«Aufgepaßt», flüsterte Sophie. «Das kürzt die Sache ab.»
Sie kletterte in die Höhe; und als der Soldat oben angelangt war, saß sie bereits auf einem der obersten Äste, dicht unterhalb der Brüstung.
Der Soldat beugte sich darüber, und in diesem Moment begann Sophie zu wimmern: «Helft mir, Herr Soldat, bitte helft mir ...»
«Was zum Teufel ...? Das ist ja ein Kind. Was machst du denn da?»

«Ich bin's ... Sophie, das verschwundene Mädchen.»

«Und wie bist du da hereingekommen?»

«Das darf ich nicht sagen ... Bitte hilf mir raus ... Ich habe Angst, ich fall mich zu Tode.»

«Bleib, wo du bist. Halt dich schön fest und beweg dich nicht. Ich alarmiere die andern.» Er griff nach seiner Trillerpfeife.

«Nein, nein!» schrie Sophie. «So lange kann ich nicht warten. Mir ist schlecht und schwindlig.» Sie brachte den Ast, auf dem sie saß, zum Schwanken, und streckte eine Hand dem Soldaten entgegen. «Hilf mir ... Zieh mich hinauf ...»

Der Soldat zögerte; doch dann beugte er sich zu Sophie und versuchte ihre Hand zu fassen.

«Noch weiter, noch weiter», bettelte sie und zog ihre Hand unmerklich zurück, und der Soldat streckte den Arm weiter und weiter nach ihr aus. Da packte sie unversehens sein Handgelenk und riß mit aller Kraft daran. Der Soldat schrie auf, verlor den Halt, er überschlug sich, brach durchs dürre Gezweig, plumpste wie ein Kartoffelsack ins kniehohe, welke Laub.

Schon turnte Sophie abwärts, an Jan vorbei.

«Oh mein Kopf, mein Kopf», jammerte der Soldat. «Wo zum Kuckuck ist denn meine Pfeife?»

Sophie umklammerte einen der untersten Äste und ließ sich ins Laub fallen.

Da nahm Jan seinen ganzen Mut zusammen und tat es ihr nach: ein Viermeter-Fall mit geschlossenen Augen, und er landete so sanft und sicher, als ob der Boden ihm entgegengewachsen wäre.

Sophie schien mit dem benommenen Soldaten zu kämpfen. Jan watete durch das Laub zu ihr. Außer Schatten, die sich bewegten, sah er kaum etwas.

«Halt ihn fest!» Sophie kniete auf der Brust des Soldaten, der sich zu befreien versuchte.

Zu zweit drehten sie ihn auf den Bauch; Jan drückte mit aller Kraft seine Schultern nieder. Sophie fesselte ihn mit ihrer Schnur an Händen und Füßen. Dann wälzten sie den Soldaten wieder auf den Rücken und wischten ihm das Laub aus dem Gesicht. Er hustete und spuckte. Sophie schlang ihm ihr großes Taschentuch um Kinn und Mund und verknotete es im Nacken.

«Und jetzt?» fragte Jan, als beide wieder zu Atem gekommen waren.

«Jetzt haben wir einen Gefangenen», sagte Sophie.

«Und was tun wir mit ihm?»

«Nichts. Er liegt ja weich genug. Und warm hat er auch.»

«Um Mitternacht wird er abgelöst. Dann werden sie merken, daß er fehlt.»

«Weiß ich auch. Stör mich nicht, ich denke nach.»

«Einmal», sagte Jan nach einer Weile, «da hat mich die Iche zu sich hinaufgenommen. Aber jetzt sind ihre Zweige dürr und könnten brechen ...»

«Ich hab's», unterbrach ihn Sophie. «Ich säg uns einen Ausgang durch die Bretterwand!»

«Die Messerklinge ist doch zu schwach dafür», sagte Jan. «Einen Fuchsschwanz würden wir brauchen, das steht im Lexikon.»

«Ach so, du Neunmalkluger. Dann buddeln wir halt einen Tunnel.»

«Einen Tunnel?»

«Unter der Wand durch, verstehst du? Wie Füchse oder Dachse.»

Sie begann den Boden bei der Bretterwand mit dem Messer aufzukratzen. Mit beiden Händen scharrte sie die gelockerte Erde beiseite. Schon nach kurzer Zeit hatte sie eine kleine Mulde ausgehoben, und so gut er konnte, half ihr Jan dabei. Die Finger taten ihm schon nach wenigen Minuten weh. Aber Sophie zuliebe biß er auf die Zähne und scharrte Erde beiseite wie sie. Das Mondlicht, das nun den Boden erreichte, ermöglichte ihnen, rascher voranzukommen.

Eine Stunde verging; wie ein Maulwurf hatte sich Sophie in die Tiefe gegraben. «Ich glaube, jetzt bin ich genau unter der Wand», sagte sie.

«Dann mußt du dich wieder aufwärtsgraben», sagte Jan und schaufelte die Erde, die sie zwischen ihren Beinen nach hinten beförderte, aus dem Loch.

«Stell dir vor», sagte Sophie, «das ist mir auch eingefallen. Stumm und angestrengt arbeiteten sie weiter; ab und zu gab der Soldat erstickte Laute von sich. Endlich kämpfte sich Sophie nach hinten, tauchte mit verschmutztem Gesicht auf und verkündete: «Wir sind durch!» Sie schafften die lockere Erde aus dem Tunnel, stampften sie am Eingang fest, und dann sah auch Jan den hellen Schimmer am andern Ende.

«Ich bin dünn genug, um durchzukriechen», erwiderte Sophie. «Du bleibst hier. Ich hole uns etwas zu essen und zu trinken, und gleichzeitig finde ich heraus, was wir als nächstes tun können.»

«Du willst mich hier allein lassen?» Jan begann vor Aufregung zu zwinkern. «Ich bin ebenso dünn wie du. Sieh mich doch an!»

«Jemand muß den Soldaten bewachen. Du bist in Sicherheit hier, und du kommst erst heraus, wenn ich weiß, wo wir den Drachen bauen können.»

«Den Drachen? Was meinst du damit?»

Sophie schüttelte unwillig den Kopf. «Wie dumm! Jetzt

hab ich's verraten. Aber mehr sag ich nicht, sonst mache ich dir nur Angst.»

«Du meinst einen Flugdrachen, und wir …?» fragte Jan entsetzt.

«Schluß damit!»

«Aber das ist doch …»

«Alles zu seiner Zeit. Ich geh jetzt.» Sie umarmte ihn, und ehe Jan widersprechen konnte, war sie verschwunden.

*in welchem Veronika zu einer Beule kommt
und Sophie Roderick in die Arme läuft*

Sophie hatte den Weg zur Küche noch im Kopf. Sie durchquerte die Eingangshalle; danach galt es, die Wache vom Portal wegzulocken. Das war einfach. Der eine Türflügel stand ein wenig offen, und durch die Lücke warf sie ein paar Steinchen. Der Soldat stutzte. Sophie warf einen taubeneigroßen Kieselstein in dieselbe Richtung. Diesmal ließ der hellklingende Aufprall den Soldaten zusammenfahren. Er rannte dorthin, von wo das Geräusch gekommen war, und schaute sich mißtrauisch um. Noch ehe er sich wieder umgedreht hatte, war Sophie durchs Portal geschlüpft und hatte den Pferdestall erreicht, der im Mondschatten lag. Sie hörte den Soldaten fluchen und drückte sich ein paar Atemzüge lang an die Stallmauer. Noch zwanzig Schritte bis zur Küche. Hoffentlich schläft die Köchin tief genug, dachte Sophie. Einen Lederschlauch mit Wasser nehme ich mit, zwei Äpfel, ein großes Stück Brot. Und Einwickelpapier, soviel Papier wie möglich.

Geschafft! Sophie öffnete vorsichtig die Küchentür. Drinnen war's finster. Plötzlich stieß sie gegen etwas Weiches, Schweres, das ihr den Weg versperrte. Jemand schrie; Sophie wollte flüchten, stieß an einen Stapel Teller, der mit gewaltigem Klirren zusammenstürzte. Sie wurde am Fußgelenk gepackt, zu Boden gerissen, von hinten umfaßt; sie schlug um sich, kratzte, biß. Doch ihr Gegner hielt sie erbarmungslos fest.

Schon trampelte, angelockt vom Lärm, der Soldat in die Küche.

«Wen haben wir da?» schrie er. «Etwa den Prinzen?»

«Nein», sagte jemand an Sophies Ohr. «Es ist die Göre aus dem Dorf.» Beim ersten Wort hatte Sophie die Stimme der Küchenmagd erkannt.

«Laß sie ja nicht los», befahl der Soldat.

«Oh nein», sagte die Magd. «Ein Glück, daß ich hier gelegen bin. Die Köchin ist nämlich auf Besuch bei ihrer Nichte. Und ich ...»

«Schon gut», unterbrach der Soldat ihren Redeschwall und wandte sich mit barscher Stimme an Sophie: »Was suchst du hier? Wie bist du ins Schloß gelangt? Wo ist der Prinz? Heraus mit der Sprache!»

Sophie schwieg und versuchte, mit kleinen Rucken Veronikas Griff zu lockern.

«Verstockt ist die», sagte die Magd. «Die würde ich schon zum Reden bringen, ich schon.»

«Das ist jedenfalls sehr verdächtig», sagte der Soldat. «Ich glaube, es ist besser, ich alarmiere die andern.» Er zog seine Trillerpfeife aus dem Halsausschnitt und blies hinein; es klang so laut und schrill, daß Sophies Zähne schmerzten. Jetzt wird Jan vermuten, daß sie mich erwischt haben, dachte sie. Aber was kann er tun? Was würde ich an seiner Stelle tun?

Schritte und Säbelklirren näherten sich von allen Seiten;

die Soldaten drängten sich in der Küche zusammen. Einer mit goldenen Schulterstücken befahl, Sophie zu fesseln. «Wo ist eigentlich der Johann?» fragte er plötzlich.

Die andern schauten sich suchend um und leuchteten mit ihren Laternen ins Dunkle.

«Richtig, der war doch im Hof», sagte einer. «Warum ist er nicht da?»

Johann: das mußte der Soldat sein, den Sophie und Jan gefangen hatten. Wenn sie ihn entdeckten, würden sie auch Jan finden. Flieh, Jan, flieh! Sophie schloß die Augen und sandte ihre Botschaft zu Jan. Aber wohin sollte er fliehen?

«Da ist irgendwas faul», sagte der mit den Schulterstücken. «Du» – er zeigte auf die Magd – «paßt auf die Kleine auf. Die andern durchsuchen noch einmal den Hof!»

Die Soldaten verschwanden.

«Nun», sagte Veronika mit gehässiger Stimme zu Sophie, «soll ich dich ein bißchen zwicken, damit du die Wahrheit sagst?» Sie rückte die Laterne zurecht, welche die Soldaten zurückgelassen hatten, und machte sich's auf einer Kiste bequem.

Sophie sah die Magd drohend an. «Wenn du mich nicht losbindest, verrat ich das wegen der silbernen Löffel.»

«Du verdammtes ...» Veronika wollte erst aufbrausen, dann beherrschte sie sich. «Das wird dir niemand glauben.»

«Und wenn doch?»

«Ich ... ich darf dich nicht losbinden, ich werde sonst bestraft.»

«Aber wegen der Löffel wirst du auch bestraft.»

Unglücklich starrte die Magd auf ihren Schoß.

«Wir machen es so», sagte Sophie. «Du bindest mich los,

und wenn die Soldaten zurückkommen, tust du so, als seist du ohnmächtig geworden, und dann erzählst du, irgendein Unbekannter sei aufgetaucht, habe dich niedergeschlagen und mich befreit. So kann dir niemand etwas vorwerfen.»

«Dafür brauche ich aber einen Beweis.» Die Magd dachte nach. «Eine Beule zum Beispiel.»

«Die verschaff ich dir gern», sagte Sophie.

Zögernd nahm Veronika ein Messer und durchschnitt Sophies Fesseln. «Aber wegen der Löffel schweigst du bis an dein Grab. Und ich werd's auch bestimmt nicht wieder tun.»

«Das hoffe ich.» Sophie rieb ihre Handgelenke; dann ergriff sie die Schöpfkelle, die auf dem Tisch lag, und hieb Veronika damit eins über den Hinterkopf. Die Magd schrie auf und betastete jammernd die getroffene Stelle.

«Da hast du deine Beule», rief Sophie und war schon bei der Tür.

Als Jan die Pfiffe hörte, wußte er sogleich, daß etwas schiefgegangen war. Ich krieche hinaus, ich stehe Sophie bei: das war sein erster Gedanke. Aber dann sagte er sich, es sei vernünftiger, in seinem Versteck zu bleiben, statt den Soldaten in die Arme zu laufen. Da hörte er, wie sie in den Hof zurückkehrten.

«Johann!» rief einer. «Wo bist du? Melde dich!»

Der Soldat, der gefesselt und geknebelt neben Jan lag, stöhnte.

«Still!» zischte Jan.

Die Soldaten draußen durchsuchten den Hof.

«Hier ist er nicht ... hier auch nicht», riefen sie.

«Hört», fuhr der Korporal dazwischen. «Da war doch was!»

135

Die andern schwiegen, und nun war Johanns Stöhnen deutlich zu vernehmen.

«Das kommt von oben.»

«Nein, von da drinnen.»

«Abklopfen, rundum gehen», befahl der Korporal. «Plattform durchsuchen.»

Einer oder zwei rannten die Treppe hinauf; die andern gingen ums Gerüst herum.

«Da ist Johanns Tornister», tönte es von oben, und beinahe gleichzeitig sagte der Korporal: «Hier ist ein Loch. Was soll das bedeuten?»

Jemand leuchtete von draußen mit einer Laterne in den Tunnel hinein. «Ein Fuchsbau vielleicht», sagte einer der Soldaten.

«Oder wilde Karnickel, wer weiß?» sagte ein anderer.

«Blödsinn», herrschte der Korporal ihn an. «Da drin ist ein Mensch. Los, kriech ins Loch und schau nach.»

Ein Scharren, der Ausgang verdunkelte sich.

Jan war fast besinnungslos vor Angst. Sophie, dachte er, Sophie, hilf mir doch!

Hab keine Angst, wisperte unerwartet die Iche. Noch bin ich da. Jan spürte, wie er wieder ruhiger atmen konnte. Ja, er hatte noch eine Verbündete.

«Ich komme nicht weiter», murrte der Soldat, der durch den Tunnel kriechen wollte. Seine Stimme klang schon so nahe, als stände Jan neben ihm.

«Tatsächlich, er steckt fest», sagte der Korporal. «Wir müssen es von oben versuchen.» Der Soldat wurde an den Beinen aus dem Tunnel gezogen. Dann polterten sie die Treppe hinauf und leuchteten von der Plattform aus in die astdurchwachsene Tiefe.

«Finster wie in einer Kuh», sagte einer. «Bis zum Boden sieht man gar nicht.»

«Johann, Johann», riefen die andern. «Bist du dort unten?»

Johann stöhnte.

«Teufel nochmal», schrie der Korporal. «Da ist ein Kampf im Gang. Hinunterklettern!»

Zwei Männer stiegen übers Geländer und versuchten zum nächsten Ast zu gelangen. Aber sie hatten nicht mit der Iche gerechnet. Die Äste zuckten zurück, so daß die Hände dauernd ins Leere griffen.

«Ist heute eigentlich alles verhext?» polterte der Korporal. «Anbinden, abseilen!»

Die Soldaten gehorchten; einer, dann ein zweiter wurden abgeseilt und schwebten langsam in die Tiefe. Die Laternen flackerten im Luftzug. Doch kaum hatten sie ein paar Meter zurückgelegt, schlossen sich die Äste zu einer undurchdringlichen Decke zusammen, und es gab kein Durchkommen mehr. Fluchend wurden die Soldaten wieder hochgezogen.

«Das ist dieser verflixte Baum», sagte der Korporal. «Man hätte ihn schon längst fällen sollen. Aber jetzt rücken wir ihm zuleibe. Holt Beile, Männer, und dann wird erst einmal das Gerüst zusammengeholzt.»

Jan erschrak. Dagegen konnte sich die Iche nicht mehr wehren.

«Moment mal», wandte droben einer ein. «Das Gerüst kannst du nicht zerhacken ohne Einwilligung des Königs.»

«Oh doch», erwiderte der Korporal. «Das ist eine Notlage. Roderick wird mich decken. An die Arbeit!»

Kurze Zeit später waren die Beile da, die ersten Hiebe trafen das splitternde Holz; drinnen kauerte Jan und hielt sich mit beiden Händen die Ohren zu. Auf einmal brach der Lärm ab, und Jan hörte eine helle Stimme: «He, ihr Trottel, hier bin ich, fangt mich doch!»

Sophie! fuhr es durch seinen Kopf. Sie will die Soldaten ablenken!

«Die Göre!» stieß im gleichen Moment der Korporal hervor. «Wie ist die freigekommen? Ihr nach, hopp!» Durcheinanderrufend nahmen die Soldaten die Verfolgung auf.

Bitte nicht, bitte nicht! Jan biß sich vor Aufregung in den Handrücken.

Aber Sophie war geschickt und flink. Sie huschte im Hof von Ecke zu Ecke, sie nützte die Dunkelheit aus, und gerade wenn die Verfolger sie zu erwischen glaubten, war sie schon wieder anderswo. Sie wollte die Soldaten aus dem Hof in die Halle locken, dann über die Zugbrücke hinaus. Und beinahe wäre es tatsächlich gelungen. Schon rannte Sophie über die Brücke, die Soldaten mit schwankenden Laternen hinterher. Die Wächter kreuzten ihre Lanzen, um den Durchgang zu sperren. Sophie bückte sich und schlüpfte unten durch, während der vorderste Soldat, der seinen Lauf nicht mehr bremsen konnte, mit voller Wucht gegen die Lanzen prallte und der Länge nach hinfiel.

Sophie aber rannte bergab, so schnell sie die Füße trugen. Nur eines konnte sie nicht wissen: Der König hatte inzwischen die Rückkehr der Armee befohlen, und so lief Sophie hinter der ersten Kurve in die Kolonne hinein, die sich stumm und übermüdet den Schloßweg hinaufwand. An der Spitze ritt der Hauptmann Roderick, und sein Pferd scheute, als unerwartet eine schattenhafte Gestalt vor ihm auftauchte. Da waren auch schon die Rufe der Verfolger zu hören.

Roderick begriff rasch. Er sprang vom Pferd, und obgleich Sophie blitzartig kehrtmachte, hatte er sie im Hohlweg nach ein paar Schritten eingeholt und zu Boden gerissen.

«Wen haben wir denn da?» Roderick drehte Sophie auf den Rücken und hob sie zu sich empor, damit er ihr Gesicht sah. «Ein Mädchen? Kennen wir uns nicht?»

Sophies Knie waren vom Sturz aufgeschürft; aber sie preßte die Lippen zusammen und schwieg.

«Mit Verlaub, Herr Hauptmann», sagte der Korporal. «Das Mädchen ist verbotenerweise ins Schloß eingedrungen.» Und dann erzählte er, unterbrochen von Rodericks scharfen Fragen, die ganze Geschichte, die allerdings aus seinem Mund ziemlich verworren klang.

Roderick durchbohrte ihn mit zornigen Blicken. «Wie? Einer meiner Soldaten von einem Baum gefangen? Blödsinn! Und was zum Teufel hat das Mädchen damit zu tun?»

Unterdessen hatte man auch den König und die Königin in ihrer Sänfte herangetragen. Der Unruhe wegen, die im Hofstaat herrschte, glaubte Ferdinand, der Prinz sei gefunden worden, und von weitem schon erkundigte er sich: «Lebt er? Ist er verletzt? Blutet er? Sieht er schlimm aus?»

«Es ist nicht der Prinz», antwortete Roderick.

Die Soldaten wichen vor der Sänfte auseinander; Roderick zeigte dem Königspaar seine Gefangene.

«Dich kenne ich doch.» Ferdinand bedeutete Roderick, das Mädchen besser ins Licht zu rücken.

«Sie ist die Tochter des Zwetschgenkompottlieferanten», sagte Isabella, die übernächtigt und traurig aussah.

«Genau.» Ferdinand tätschelte seinen Bauch. Dann erinnerte er sich plötzlich an unangenehmere Dinge, und aufgebracht fuhr er fort: «Du hast mich einmal beleidigt. Ja-ja, da staunst du, der König hat ein gutes Gedächtnis.» Er musterte Sophie mit vorgeschobener Unterlippe. «Hast du dich etwa heimlich mit dem Prinzen getroffen? Hast du ihn irgendwo versteckt?»

Sophie schluckte leer und schwieg.

«Ausgeschlossen», antwortete Roderick an ihrer Stelle. «Unsere Bewachung hat keine Lücken. Es sei denn, es gibt Verräter unter uns, die mit dem Feind zusammenarbeiten. Und damit müssen wir leider rechnen.» Er riß an Sophies Haaren, so daß sich ihr Kopf nach hinten bog. «Ich will Namen», herrschte er sie an. «Namen, hörst du? Wer hat dich ins Schloß gelassen? Was ist mit Johann geschehen?»

Sophie gab keinen Laut von sich; aber über ihre Wangen liefen Tränen der Wut.

«Genug», wies Isabella den Hauptmann zurecht, «vergreif dich nicht an einem Kind!»

Roderick schnaubte verächtlich durch die Nase, ließ aber Sophie los. Die Königin winkte sie zu sich heran; Sophie setzte sich zaghaft auf den Rand der Sänfte, und Isabella ergriff ihre Hand.

«Wir sind krank vor Sorge», sagte sie. «Wenn du etwas weißt, dann erzähl's uns. Du wirst nicht bestraft, ich versprech es dir.»

«Das ist gegen das Gesetz», murrte Roderick.

«Gegen das Gesetz», echote Ferdinand, aber ohne feste Überzeugung.

«Jetzt rede ich», sagte Isabella. Bittend schaute sie Sophie an. «Jan ist mein Sohn, es bricht mir das Herz, wenn wir ihn nicht finden.»

«Lassen Sie ihn frei», sagte Sophie sehr leise. «Er soll tun können, was er will. Wenn Sie das versprechen, sage ich Ihnen, wo er ist.»

«Frei!» rief der König, der angespannt zugehört hatte. «Frei! Was ist denn das für ein Quatsch! Als ob der Prinz in einem Gefängnis leben würde! Ich befehle …»

«Still, du verdirbst wieder alles!» Noch nie hatte Isabella

140

in der Öffentlichkeit so schneidend zu ihm gesprochen; verblüfft schloß Ferdinand den Mund.

«Ich tue als Mutter, was ich vermag», wandte sich Isabella wieder an Sophie. «Aber ich kann nicht viel ausrichten gegen so viele Männer.»

«Du bist doch die Königin», entfuhr es Sophie.

«Ach ja, die Königin. Das bedeutet nicht viel. Männer gehorchen Männern.»

«Ich will niemandem gehorchen.» Sophie sprach laut und anklagend. «Und Jan hat euch allen zu lange gehorcht. Er muß fort aus dem Schloß. Sonst stirbt er wie die Eiche.»

Schreckenslaute ertönten ringsum, als Sophie den Baum mit dem verbotenen Buchstaben nannte, und Roderick rief: «Da hört ihr's ja: Sie ist eine Aufrührerin!»

«Jawohl», bestätigte der König, bleich bis zur Nasenwurzel. «Entweder sie gesteht, oder sie landet im Kerker.»

«Ferdinand», sagte Isabella, «du kannst doch nicht ...»

«Oh doch!» Der König stampfte mit dem Fuß auf. «Du hast uns lange genug hingehalten mit deinem sentimentalen Gerede. Wir versäumen deinetwegen kostbare Zeit. Wer weiß, was unterdessen mit dem Prinzen geschieht!»

«Vorwärts, marsch!» kommandierte Roderick. Er hob mit grobem Griff Sophie vor sich aufs Pferd, er gab ihm die Sporen, und hinter ihm setzte sich die Kolonne wieder in Bewegung.

«Ich habe einen Verdacht», sagte Roderick, indem er sich nach hinten zur Sänfte drehte. «Möglicherweise finden wir unter der Iche gar nicht den verschwundenen Soldaten, wie der Korporal meint, sondern den Prinzen. Ein ideales Versteck.» Er kniff Sophie schmerzhaft in die Seite. «Oder etwa nicht?»

Erstarrt saß sie auf dem Pferd und hielt sich mit beiden Händen an der Mähne fest. Jan, dachte sie, lieber Jan, flieh, mach dich aus dem Staub, und sie stellte sich vor, wie er über die Mauer kletterte, den Graben durchschwamm. Aber das kann er ja gar nicht, sagte sie sich, nicht einmal ich könnte das. Sie hielt ihre Tränen zurück, und sie atmete so flach wie möglich, um dem Schweißgeruch, den Roderick ausdünstete, zu entgehen.

*in welchem Sophie an einen finstern Ort
gebracht wird und Isabella das Zimmer
wechselt*

Vom Mond beschienen, polterte die Kolonne über die
Brücke; sie durchquerte den Vorplatz, die Eingangshalle
und erreichte den Innenhof.

Roderick, der das Pferd beim Stall gelassen hatte, trug Sophie, halb über die Schulter geworfen, wie ein Bündel mit
sich. Vor dem Gerüst stellte er sie unsanft zu Boden, ohne
aber ihr Handgelenk loszulassen. «Majestät», sagte er, «da
drin steckt ein Geheimnis, das wollen wir jetzt lüften.»

Der König zögerte einen Augenblick, dann nickte er.

Roderick gab den drei Soldaten mit den Beilen einen
Wink.

«Jan», rief Isabella. «Komm heraus, wenn du da drin bist,
ich bitte dich.»

Sophie hielt den Atem an. Alles blieb still; nur die
Fackeln knisterten. War Jan noch drin? War er geflohen?

«Du bringst unser Kind in Gefahr», sagte Isabella.

«Von Gefahren verstehst du nichts», erwiderte der König
und drehte ihr den Rücken zu.

«Ich kann das nicht mit ansehen, ich gehe.»

Kaum hatte Isabella den Hof verlassen, fuhren die Beile krachend ins Holz. Das Gerüst wankte; der König wischte sich mit dem Taschentuch über die Stirn.

Sophie spürte, wie Rodericks Hand sie fester packte. Und wenn nun dort drinnen Balken auf Jan niederstürzten?

«Halt!» schrie sie unwillkürlich. «Ihr tötet ihn!» Die Soldaten ließen ihre Beile sinken und schauten fragend zu Roderick.

«Jan», sagte Sophie in die plötzliche Stille hinein, «es hat keinen Sinn mehr. Ich bin gefangen. Aus dem Schloß kommst du allein nicht heraus. Sag ihnen, sie sollen aufhören.»

Man hörte einen kindlichen, halb erstickten Laut, dann eine Zeitlang nichts, dann, beinahe tonlos, Jans Stimme: «Ich komme.»

Im Fackellicht tauchte Jans dreckverschmierter Kopf auf. Vier, fünf Diener packten ihn an den Schultern und zogen ihn heraus. Bleich und mager stand er da und blinzelte ins Licht.

«Furchtbar! Furchtbar!» Der König griff sich ans Herz. «Wie siehst du aus? Was ist passiert? Du brauchst ärztliche Hilfe. Mein Gott, um deinen Mund sind Blutspuren!»

«Das ist Kirschsaft, Papa.»

«Also doch! Du hast Kirschen gegessen!»

Jan erkannte zwischen all den Uniformen endlich Sophie, die ihm zuzulächeln versuchte. Mit beiden Fäusten griff er den Hauptmann an. «Laß sie los!» schrie er. «Du tust ihr weh!» Roderick war so verblüfft, daß er seinen Griff lockerte, und so gelang es Sophie, sich zu befreien und mit Jan an die Gerüstwand zurückzuweichen. Dort standen sie, Hand in Hand, vom unruhigen Licht beleuchtet.

144

«Laß uns gehen», sagte Jan zu seinem Vater. «Du wirst Sophie nicht mehr von mir trennen.»

«Oh doch, oh doch!» Ferdinand holte so tief Atem, daß er anzuschwellen schien. «Wer befiehlt denn hier im Schloß, du oder ich?»

«Mit wem ich zusammen bin, will ich selber bestimmen», sagte Jan. «Und ich habe ein Recht darauf. Das steht in meinen Büchern.»

«Bücher! Ein Recht darauf!» höhnte der König. «Was in diesem Land Gesetz ist, bestimme ich. Und ich befehle hiermit: Die Verbrecherin, die den Thronfolger zum Aufruhr angestiftet hat, kommt auf unbestimmte Zeit in den Kerker; meinen Sohn verurteile ich zu strengstem Zimmerarrest.»

Roderick applaudierte; einige im Hofstaat murmelten zustimmend. Stanislaus und Raimund in der hintersten Reihe jedoch, die sich vor Müdigkeit kaum noch aufrecht hielten, schauten einander traurig an und schüttelten die Köpfe.

«Ausführen», stieß Ferdinand zwischen zusammengebissenen Zähnen hervor.

«Ausführen!» wiederholte Roderick.

Vier Soldaten gingen zögernd auf die Kinder zu. Jan zog Sophie näher zu sich heran. «Ich gehe mit ihr», sagte er, jede Silbe betonend. «Ich bleibe so lange im Kerker wie sie.»

Sophie schüttelte heftig den Kopf und wollte etwas sagen; aber sie brachte kein Wort hervor.

«Trennt sie endlich!» sagte der König.

«Reißt sie auseinander!» befahl Roderick.

Die Kinder klammerten sich aneinander; aber die Soldaten waren stärker. Sie drehten Sophie einen Arm auf den Rücken, sie zogen Jan, der wild um sich schlug, von ihr weg und hielten ihn zu zweit fest, während die beiden andern Sophie quer durch den Hof zur Seitenpforte schleppten, hinter der ein enger Gang zum Kerker führte.

«Wasser und Brot», sagte Roderick hämisch. «Das wird sie lehren, sich gegen den König aufzulehnen.»

«Feiglinge», sagte Jan leise, voller Verachtung. «Ihr solltet euch schämen.»

Der Hofstaat erstarrte.

«Sohn», entgegnete der König mit erzwungener Ruhe, «du beschimpfst meine treusten Untergebenen. Laß das sein. Du zwingst mich sonst, deine Strafe zu verschärfen.»

«Sehr gut. Du weißt ja, wohin ich will.»

«Dieses Mädchen wirst du nie mehr sehen.» Ferdinands Mundwinkel zuckten; das war immer der Fall bei Anstrengungen, die er kaum zu meistern vermochte. Dazu quälte ihn die Vorstellung vom Zwetschgenkompott, in das er schon bald den Finger tunken würde. «Solche Gesellschaft», er geriet ins Stottern, «solch üble Gesellschaft reißt dich ins Verderben ... Du solltest alt genug sein, um meine Maßnahmen zu begreifen und aus eigenem Antrieb zu unterstützen ... ja, zu unterstützen.» Er räusperte sich und befeuchtete mit der Zunge seine Lippen. «Alles geschieht nur zu deinem Besten ... jawohl, zu deinem Besten ...»

In Jans Kopf hämmerte es; er schaute den Vater unter zusammengezogenen Augenbrauen an. «Wenn du Sophie im Kerker läßt», sagte er, «will ich nicht mehr dein Sohn sein.»

«Wie, was?» Ferdinand rang nach Atem. «Lächerlich! Du bist mein Sohn, ob du's willst oder nicht, dein Leben lang bleibst du mein Sohn.»

Jan schüttelte den Kopf, und über seine Wangen rannen Tränen. «Ich bin nicht mehr dein Sohn. Du bist ja auch kein richtiger Vater. Ein Tyrann bist du» – es war eines der schlimmsten Wörter, die Jan aus seinen Büchern kannte – «und ein schlechter König.»

Dem Hofstaat stockte der Atem, und Rodericks Blicke wanderten ungläubig vom Prinzen zum König, dessen Unterlippe zu zittern begann. Doch unbeirrt fuhr Jan fort: «Deine Untertanen hassen dich. Du plünderst das Land aus, nur weil du …»

«Schluß!» schrie der König, und es klang so wild, daß es allen durch Mark und Bein ging. Da war auch schon Roderick zu Jan gelaufen und hatte ihm seine Hand über den Mund gelegt, so daß der Rest des Satzes erstickte.

«Da seht ihr's!» Ferdinands Stimme kippte über in ein weinerliches Gezeter. «Das Mädchen hat ihn aufgehetzt! Ungeheuerlich! Er weiß nicht mehr, was er sagt.»

«Es sind Aufrührer, Majestät.» Roderick verstärkte den Druck seiner Hand.

Ferdinand schnüffelte wie ein kleines Kind und wischte sich über die Nase. «Schön, daß ihr alle auf meiner Seite steht.» Er schaute beunruhigt in die Runde. «Ihr steht doch auf meiner Seite, oder etwa nicht?»

Der Hofstaat bejahte; aber Stanislaus und Raimund, die im Schatten standen, sagten kein Wort.

«Die Wache vor dem Zimmer des Prinzen wird nochmals verdoppelt.» Der König versuchte Rodericks Befehlston nachzuahmen. «Es ist verboten, mit dem Prinzen zu sprechen. Wenn er um Verzeihung bitten will, kann man mich rufen.»

«Zu Befehl, Majestät.» Roderick verkniff sich ein anerkennendes Lächeln.

«Trotzdem wird dem Prinzen kein Haar gekrümmt. Das gilt nach wie vor. Verstanden?»

«Jawohl, Majestät.»

«Führt ihn ab», sagte der König; aber er wagte nicht mehr, Jan in die Augen zu sehen.

Roderick stieß Jan mit den Knien vor sich her. Sechs Soldaten mit gezogenen Säbeln folgten. Der Zug schlug die Richtung zu den königlichen Gemächern ein, und Ferdinand schlurfte mit zehn Schritten Abstand hinterher. Doch bei seinem Schlafzimmer bog der König ab. Erstens hatte er Lust auf Kompott, und zweitens hätte er sich gerne mit Isabella versöhnt und sie davon überzeugt, daß er recht hatte. Aber Isabelle war nicht da, und ihre Kammerfrau richtete ihm aus, sie habe ein bisher unbewohntes Zimmer in einem entfernteren Flügel des Schlosses bezogen.

«Soll sie doch, soll sie doch!» murmelte der König. «Laßt mich nur alle im Stich!» Er schob das Nachttischchen zur Seite; darunter war ein Teil seines Notvorrats vesteckt. Mit zitternden Fingern öffnete er ein Glas, und solange er aß, brauchte er an nichts anderes mehr zu denken als an die warme, träge Süßigkeit, die sich in ihm verbreitete. Er rülpste, er strich sich befriedigt über den Bauch. Dann ging er eine Weile auf und ab, und zu seinem Mißfallen kehrten alle unangenehmen Gedanken wieder zurück.

«Nein», rief er plötzlich, «das erlaube ich nicht!» Und er ließ sich zu Isabellas provisorischem Zimmer führen.

Sie saß angezogen auf einem Feldbett; ringsum lagen halb ausgepackte Schachteln mit ihren Kleidern.

«Mein Gott», sagte der König, «in diesem Durcheinander kannst du doch nicht bleiben.»

«Geh», erwiderte Isabella. «Laß mich in Ruhe.»

«Auch du willst mich nicht verstehen», begann Ferdinand in anklagendem Ton.

«Nein», fiel ihm Isabella ins Wort. «Ich weiß, was du angeordnet hast. Es ist genug. Zum dritten oder vierten Mal seit Jans Geburt sage ich dir das. Wenn ich könnte, würde ich weggehen von hier.»

«Das hätte noch gefehlt.» Ferdinands linker Mundwinkel, an dem noch ein wenig Kompott klebte, begann wieder zu zucken. «Du bist meine Frau, die Königin, und ich ...»

«Ja, das bin ich. Und du sperrst mich ein, genau wie Jan. Du wirst noch das ganze Reich zum Gefängnis machen. Aber ich kann mich auch innerhalb des Schlosses von dir trennen, wie du siehst.»

«Das erlaube ich nicht.» Ferdinand verschränkte die Arme vor der Brust und stellte einen Fuß vor den andern; doch seine Stimme klang weniger bestimmt, als er sich wünschte. «Du kehrst sofort in unser gemeinsames Zimmer zurück. Und wenn du's nicht freiwillig tust, lasse ich dich von den Soldaten holen.»

«Meinetwegen. Tu, was dir gefällt. Du kannst mich zwingen. Aber du verlierst dabei dein Gesicht, und das weißt du.»

Sie maßen einander mit Blicken; dann drehte sich Ferdinand auf dem Absatz um und verließ Isabellas neues Zimmer.

Jan lag in seinem Bett und konnte nicht einschlafen. Wenn er die Augen schloß, sah er den gefesselten Soldaten; er sah sich selber durch den Tunnel kriechen, und immer wieder sah er Sophie vor sich, Sophie, wie er sie Roderick entriß, Sophie neben ihm auf dem Ast, und das Allerschlimmste: Sophie im Kerker, auf einem Strohhaufen, gefesselt vielleicht oder in Ketten, und sie wartete auf Jan, der sie befreien sollte. Er bohrte sich die Fingerknöchel in die Schläfen, um die Bilder zu vertreiben. Es ist unmöglich, dachte er. Wie sollte ich ihnen entwischen? Sie sind stärker als ich, und sie gehorchen alle dem König. Nein, Sophie, es hat keinen Sinn mehr, das hast du selber gesagt.

Jan drückte sein Gesicht ins Kissen. Die weiche Füllung tröstete ihn ein bißchen. Doch da löste sich eine der Schattengestalten von der Wand und zog ihm das Kissen weg. «Das Gesicht muß unbedeckt bleiben», sagte er. «Königlicher Befehl.»

«Wo sind Stanislaus und Raimund?»

«Fragen sind verboten», erwiderte der Soldat, der vielleicht einmal einer der Nebenhergeher gewesen war; seit sie alle die gleichen Uniformen trugen und im gleichen Tonfall sprachen, konnte Jan sie nicht mehr voneinander unterscheiden.

Ach, Sophie, warum hilfst nicht du mir? «Sophie, Sophie.» Jan murmelte ihren Namen, bis der Soldat ihn anherrschte: «Schweig jetzt, sonst erstatte ich Meldung.»

Am liebsten wäre ich tot, dachte Jan plötzlich, dann wäre es vorbei, dann müßte ich mich nicht mehr sehnen nach Sophie, nach frischer Luft und Bäumen. Und laut, mit klarer und gefaßter Stimme sagte er: «Ich will sterben.»

«Blödsinn», antwortete der Soldat. «Du stirbst noch lange nicht. Prinzen haben ein schönes Leben.»

«Ich will sterben», wiederholte Jan. Und bevor ihn jemand daran hindern konnte, sprang er aus dem Bett und rannte mit dem Kopf gegen das vergitterte Fenster. Er schrie vor Schmerz, er taumelte; da waren zwei, nein: drei, vier Wächter bei ihm und hielten ihn fest.

Stimmengewirr; man rief den Hauptmann herbei, und Roderick befahl, den Leibarzt zu wecken. Der stellte schlaftrunken eine Beule fest und legte Jan einen Kopfverband an. Der König, sagte Roderick grimmig, werde erst am Morgen früh unterrichtet; der König brauche nach so vielen Anstrengungen einen ungestörten Schlaf. «Und du, du kleiner Bastard», wandte er sich an Jan, der mit schmerzhaft pochendem Kopf auf dem Bett saß, «brock uns ja nicht noch weitere Schwierigkeiten ein.» Er tippte mit dem Zeigefinger an die Stelle des Verbandes, hinter der die Beule saß. «Wir haben unsere eigenen Mittelchen, dich zur Vernunft zu bringen.» Er stieß nochmals kräftig mit dem Finger zu, so daß Jan beinahe hintenüber fiel.

«Ich will sterben», murmelte er, nachdem der Schmerz ein wenig abgeklungen war.

«Das wird dir nicht gelingen.» Roderick war schon bei der Tür. «Bindet ihn fest. Mit Gürteln oder Riemen. Was ihr gerade zur Hand habt. Und zieht straff genug an.» Mit einem Lachen, in das die Wachen beflissen einstimmten, war er draußen im Gang.

in welchem Jan zuerst unter die Decke kriecht
und später an einem Seil zieht

Als der Morgen graute, lag Jan festgebunden auf dem Bett. Alle Glieder taten ihm weh. Immer stärker schnitten die Riemen ins Fleisch ein.

Um sieben Uhr wurde die Wachmannschaft abgelöst. Aber Jan nahm es kaum noch richtig wahr.

Kurz nach der Ablösung erschien Stanislaus. «Kakao mit Brotbrocken. Wie üblich.» Er streckte kampflustig das Kinn vor; doch das Tablett, das er auf den Fingerspitzen balancierte, zitterte ein wenig.

«Nichts da.» Der Korporal versperrte ihm die Tür. «Der König hat befohlen, der Prinz dürfe nur mit seiner Erlaubnis gefüttert werden.»

«Gefüttert? Dem Prinzen wird das Essen vorgesetzt, merk dir das. Und was die Erlaubnis betrifft: Der König hat mich persönlich beauftragt, fürs Frühstück zu sorgen. Wenn das Wort eines alten Dieners nicht ausreicht, dann geh ruhig zum König und erkundige dich. Er macht zwar gerade Toilette, und er haßt es, dabei gestört zu werden. Aber noch mehr haßt er es, wenn seine Anordnungen nicht unverzüglich befolgt werden.» Stanislaus holte Atem; das Tablett zitterte stärker.

Der Korporal nagte unsicher an der Unterlippe; seine Blicke suchten Beistand bei den Soldaten. Aber die wollten mit der Sache nichts zu tun haben und schauten geradeaus in die Luft. «Na gut.» Der Korporal gab widerwillig die Tür frei. «Aber mach schnell.»

Stanislaus ging zum Bett; er stutzte, als er Jan erblickte; er stellte ächzend das Tablett auf den Boden. «Junge, mein Junge», flüsterte er. «Was haben sie mit dir gemacht?»

Jan öffnete verwirrt die Augen; es dauerte eine Weile, bis er Stanislaus erkannte. Dann sagte er, kaum vernehmlich: «Ich will sterben, Stanislaus.»

Der Diener kniete sich neben dem Bett nieder. «Nur Mut, liebster Prinz», flüsterte er. «Ich bin gekommen, um dir zu helfen. Tu genau das, was ich dir jetzt sage.»

«Was tuschelt ihr da?» unterbrach ihn der Korporal. «Es ist verboten, sich mit dem Prinzen zu unterhalten. Mach vorwärts, alter Knacker!»

Stanislaus richtete sich auf und betastete das schmerzende Kreuz. «Bindet den Prinzen los. Wie soll er sonst essen?»

«Dem wird doch alles eingelöffelt», sagte der Korporal. «Dazu braucht er nur den Mund aufzusperren. Also los.»

«Der Prinz ißt schon lange selber und wahrscheinlich sauberer als du. Ich verklage dich beim König wegen Verleumdung, wenn du ihn nicht sogleich losbindest.»

Der Korporal schneuzte sich verlegen mit zwei Fingern; dann sagte er: «Na gut, bindet ihn los, für einmal gestatte ich eine Ausnahme.» Die Soldaten traten ans Bett, lösten die Riemen und kehrten auf ihren Posten zurück.

Jan richtete sich auf und rieb sich die Handgelenke. Als Stanislaus sich langsam nach dem Tablett bückte, zischte er Jan zu: «Warte, bis ich sie ablenke … Dann roll dich zusammen und verkriech dich unter der Decke …»

«Was schwatzt du schon wieder, Alter!» rief der mißtrauische Korporal. Stanislaus tat so, als würde er straucheln. Er versetzte dem Tablett einen Tritt, die Kanne kippte um, der Kakao ergoß sich über den Boden. Fluchend wichen die Soldaten dem See aus, der sich gegen die Wand hin ausbreitete.

Im selben Augenblick hatte Jan die Decke über den Kopf gezogen und sich ans Fußende des Bettes gerollt. Dort verharrte er mit angehaltenem Atem und machte sich so flach und so klein wie möglich.

Stanislaus schrie auf: «Der Prinz ist weg! Der Prinz ist weg!» Er deutete aufs Bett mit der halb zurückgeschlagenen Decke; er hastete zur Tür. «Da, da hinten! Eben ist er um die Ecke geflitzt!»

Die Wachen, die im Gang gedöst hatten, rappelten sich erschrocken auf.

«Ihm nach!» brüllte der Korporal, aus dessen Gesicht alle Farbe gewichen war. «Er darf uns nicht entkommen!» Und die ganze Meute rannte dem vermeintlichen Flüchtling nach.

Mit zerzaustem Haar und im Morgenrock tauchte der König unter der Tür auf. «Was ist denn hier los? Wo sind die Wächter?»

«Majestät, der Prinz ist wieder geflüchtet», antwortete Stanislaus.

«Was? Wie? Geflüchtet?» Der König schlug sich mit der flachen Hand gegen die Stirn. «Das ist Meuterei! Ein Staatsverbrechen!» Und er watschelte barfuß den Verfolgern hinterher.

Behutsam lüftete Stanislaus die Decke, unter der Jan lag. «Paß auf», sagte er halblaut, in dringlichem Ton. «Es gibt ein paar Leute im Schloß, die wollen dir helfen. Du bleibst vorläufig hier unter der Decke. Das ist der sicherste Platz.»

«Und du? Und Sophie?»

«Hab Geduld. Wir geben dir Bescheid.»

«Weiß Mama auch …»

«Nein, ihr haben wir's nicht gesagt. Bei ihr ist es nie sicher, auf welcher Seite sie steht.»

Jan nickte niedergeschlagen. «Gut, ich werde warten.»

Inzwischen hatte man Roderick geweckt; grimmig führte er die Verfolger zum Haupttor.

«Hier hat sich der Prinz nicht etwa vorbeigeschlichen, oder?» fuhr er die beiden Wächter an, die aus dem Häuschen traten. Sie verneinten erschrocken.

«Hauptmann, Hauptmann!» rief von hinten ein Soldat. Er zog die Köchin hinter sich her, die sich dem harten Griff halb fügte und sich halb dagegen sträubte.

«Was ist?» Unwillig faßte Roderick die beiden ins Auge.

«Die Köchin behauptet, sie habe den Prinzen gesehen.»

«Natürlich habe ich das, hier ist er eben vorbeigerannt.» Marie zeigte mit der Hand über den Vorplatz und durchs Tor hinaus.

«Aus dem Schloß, meinst du? Über die Zugbrücke?» Ungläubig, mit einer Spur von Angst, starrte Roderick die Köchin an.

«Freilich, mit eigenen Augen hab ich's gesehen.» Sie schüttelte die Hand des Soldaten ab. «Ich hab eben das Küchenmädchen ins Dorf geschickt und bin aus der Küche getreten, um ihr noch etwas zu sagen, da ist sie schon nicht mehr zu sehen, dafür rennt der Prinz an mir vorbei und stracks durchs Tor und über die Brücke, und weg ist er.»

«Das ist nicht wahr», sagt einer der Wächter. «Das Küchenmädchen haben wir kontrolliert. Warum soll uns da der Prinz entgangen sein?»

«Weil er sich klein gemacht hat, ihr Einfaltspinsel», sagte Marie. «Ganz gebückt ist er an euch vorbeigelaufen, schnell wie der Wind.»

«Wehe, wenn das stimmt!» schrie Roderick.

«Sie lügt.» Dem Wächter stand der Schweiß auf der Stirn. «Wir haben heute morgen fünf Leute durchgelassen. Ich kann sie aufzählen: den Diener Raimund, das Küchenmädchen ...»

Wie wenn er auf dieses Stichwort gewartet hätte, hinkte plötzlich Raimund über die Brücke. «Der Prinz! Der Prinz!» stammelte er und blieb, nach Luft schnappend, vor Roderick stehen. «Ich bin unten am Weg dem Prinzen begegnet. Wie ein angeschossener Hase ist er an mir vorbeigerast. Dabei wollte ich doch nur beim Korbflechter einen neuen Korb für die schmutzige Wäsche holen, und ...»

«Also doch!» Mit einem Ruck wandte Roderick sich ab und schrie seine Befehle: «Pferde satteln! Spürhunde aus dem Zwinger! Alle verfügbaren Kräfte hier versammeln! Proviant bereitstellen! Dem König Meldung erstatten!»

Das war allerdings nicht mehr nötig; denn schon schnaufte der König heran, winkte Roderick zu sich und ließ sich über die neueste Lage unterrichten.

«Ihm nach», schrie er, rot vor Zorn. «Wer den ungetreuen Prinzen ergreift, wird mit zwanzig Gläsern Zwetschgenkompott belohnt!»

Das hätte er nicht sagen sollen, denn gebieterisch meldete sich sein Appetit, und er fühlte sich plötzlich so schwach, daß beinahe die Beine unter ihm wegknickten. Aber er nahm sich zusammen, und diesmal ließ er sich auf ein stämmiges Pferd heben. Die paar ersten Meter ritt er sogar, Seite an Seite mit Roderick, der königlichen Armee voran.

In kürzester Zeit hatte sich das Schloß geleert. Nur Marie, Stanislaus und Raimund waren zurückgeblieben; die Mägde, die neugierig zusammengelaufen waren, hatte Marie ebenfalls auf Prinzensuche geschickt. «Schaut hinter den Büschen am Wegrand nach», hatte sie gesagt. «Wer weiß, vielleicht versteckt er sich dort.»
Bisher war Stanislaus' Plan Punkt für Punkt aufgegangen; daß in einem entfernten Zimmer die Königin saß, daran dachte im Augenblick niemand. Und Stanislaus rechnete auch nicht damit, daß Roderick die Torwächter ins Wachhäuschen verbannt hatte und daß diese bitter entschlossen waren, ihr Versagen wiedergutzumachen.
Die drei Alten hatten sich inzwischen in Jans Zimmer geschlichen und erklärten ihm, was sie vorhatten: Sie wollten Jan in einen Weidenkrob stecken; den wollten sie auf einen Esel binden und sich selber als Bauersleute verkleiden, und so wollten sie, quer durchs Königreich, in zwei Tagesmärschen zur Grenze gelangen. Im Nachbarland, sagte Stanislaus, würde Jan endlich wie ein vernünftiger Mensch behandelt und nicht wie eine Porzellanfigur; dort werde sich alles übrige von selber ergeben, fügte Raimund hinzu.
«Mir ist alles recht», sagte Jan, «aber Sophie muß mitkommen.»
«Das bedeutet doppelte Last für den Esel», sagte Raimund besorgt. «Wir müssen ja auch das Mädchen an den Wächtern vorbeischmuggeln.»
«Aber nachher kann sie nebenhergehen», sagte Marie. «Und ich behaupte, sie sei meine Enkelin.»

Jan rutschte vom Bett hinunter; er zog sich seine Kniehosen, sein Hemd und die rote Samtweste an. Beim Zuknöpfen mußten die beiden Diener ihm zu seiner Beschämung helfen.

«Ei, ei», sagte Marie kopfschüttelnd, «du hast ja einiges nachzuholen.»

Jan errötete und biß sich auf die Lippen.

Auch auf dem Weg zum Kerker war es Stanislaus, der die Führung übernahm. Durch mehrere unverschlossene Türen und über eine Treppe gelangten sie in ein Kellergewölbe. Vor einer schweren Eichentür mit tellergroßen Beschlägen und einem komplizierten Schloß blieben sie stehen.

«Der Eingang zum Kerker», sagte Stanislaus und versuchte, die Tür aufzustoßen wie die andern. Aber sie bewegte sich nicht.

«Da siehst du's.» Das Talglicht zitterte in Raimunds Hand. «Einen Schlüssel zum Kerker haben nur der König und Roderick.»

«Laßt mich mal», sagte Marie und schob die Männer sachte, aber entschieden zur Seite. Sie befeuchtete ihren Zeigefinger mit Speichel, sie zeichnete ein Fünfeck ums Schloß, sie kauerte vor der Tür nieder und murmelte etwas. Auf einmal gab es einen hellen Klang. Marie versetzte der Eichentür einen leichten Stoß, und zur grenzenlosen Verwunderung der Diener schwang sie lautlos zurück. «Gelernt ist gelernt», sagte Marie und lächelte Jan aufmunternd zu.

Aber Jan nahm sich gar keine Zeit zum Staunen; mit einem raschen Schritt trat er ins Finstere. Noch rechtzeitig riß ihn Stanislaus zurück. «Paß auf, der Schacht! Da geht's mindestens zehn Meter in die Tiefe.»

Jan achtete gar nicht auf ihn. Er hatte die Hände zu einem Trichter an den Mund gelegt und rief nach Sophie.

«Hallo», kam, wie aus einem Geisterreich, die schwache Antwort.

«Sie ist da!» jubelte Jan. «Habt ihr's gehört? Sie lebt!»

«So schnell stirbt man nicht», sagte Stanislaus. «Nicht einmal im Kerker.»

Zwischen der Tür und dem Kerkerschacht gab es einen drei Fuß breiten Absatz, auf dem ein zusammengerolltes Seil lag. Raimund leuchtete in die Tiefe; doch der Lichtschein wurde schon nach drei, vier Metern von der Dunkelheit verschluckt.

«Laßt das Seil herunter», rief Sophie. «Gefesselt haben sie mich zum Glück nicht ... Gut, danke, ich hab's, ich halt mich fest.»

«Wir ziehen jetzt», sagte Jan, heiser vor Aufregung. Zu viert ergriffen sie, hintereinanderstehend, das Seil und begannen zu ziehen.

«Stemm dich mit den Füßen gegen die Mauer», riet Stanislaus zwischen zwei Atemzügen.

Langsam, unendlich langsam bewegte sich die Last nach oben. Jan hatte nicht gewußt, wie schwer ein Kind sein kann. Manchmal rutschte das Seil ein paar Zentimeter weg, dann packte Jan es wieder fester und spürte, daß seine Handflächen brannten wie Feuer.

«Zieht, zieht», keuchte Sophie, «ich kann nicht mehr lange.»

Endlich erschienen ihre Hände, die das Seil umklammerten, über dem Rand des Schachts. Ein letzter Ruck, und Marie packte Sophie unter den Armen. Unversehens stand sie da, die leibhaftige Sophie, und Jan fürchtete, wenn er sie zu lange anschaute, würde sie gleich wieder verschwinden.

«Hallo», sagte er zaghaft.

Sophie schüttelte sich wie ein nasser Hund und strich sich

eine Haarsträhne aus der Stirn. «Dreckig bin ich, pfui Teufel. Kommt mir nicht zu nahe, ich stinke sicher.» Sie lächelte ihren Rettern zu und schien sich überhaupt nicht zu wundern, daß Marie zu ihnen gehörte.

«War es sehr schlimm?» fragte Jan.

«Es geht.»

«Du hast sicher schrecklichen Hunger.»

«Nein.» Sophie lachte. «Da unten gibt's ein paar hundert Gläser Zwetschgenkompott, alle in Kisten verpackt. Die meisten sind verschimmelt. Ich habe immer ein bißchen probiert und ein paar gefunden, die noch eßbar waren.»

«Bestimmt eines der frühsten Privatverstecke des Königs», sagte Raimund. «Er hat es wahrscheinlich für besonders sicher gehalten. Und dann hat er's wohl vergessen.»

«Oder», sagte Marie, «er hatte Angst davor, die Gläser wieder heraufzuholen.»

18. Kapitel

*in welchem ein Korb aufgedeckt und eine
Brust durchstochen wird*

Auf dem Rückweg waren Sophies Schritte weniger sicher als sonst; alle paar Schritte berührte Jan ihren Arm, um sich zu vergewissern, daß sie noch da war. Im Innenhof kurbelte Marie einen Eimer Wasser aus dem Brunnen, tauchte die Hände hinein und wusch Sophies Gesicht.

«Das tut gut.» Sophie seufzte vor Behagen, und Jan wandte den Blick nicht ab von ihr.

«Steckt der Soldat immer noch hinter dem Gerüst?» fragte sie plötzlich.

Jan erschrak. «Ich … ich weiß es nicht.»

«Laßt das», drängelte Stanislaus. «Wir müssen verschwinden.»

«Nein», sagte Jan. «Gefangene muß man gut behandeln, das steht in meinen Büchern.»

Sophie bückte sich nach einem Rötelstein und schrieb damit auf die Bretterwand: HIR TRINN IST EIN GEVANGENER!!

«So», sagte sie befriedigt und rieb sich die Hände an den Hosen ab. «Das werden sie nicht übersehen.»

Lautlos betraten sie den Vorplatz, damit die Wächter im Torhäuschen sie nicht hörten. Marie polsterte den Weidenkorb mit Heu aus und legte ein paar gekochte Eier und einen halben Laib Brot hinein. Stanislaus und Raimund holten den bockenden Esel aus dem Stall. Raimund legte ihm unbeholfen das Zaumzeug an; Stanislaus band den Korb auf seinem Rücken fest.

«Hinein mit euch», befahl Marie, und ihre Augen funkelten vor Vergnügen.

Jan kletterte auf den Esel, stieg in den Korb und kauerte sich zusammen.

«Der kann doch nicht uns beide tragen», sagte Sophie, «er ist ja ganz dünn und knochig.»

«Geh nur.» Marie versetzte ihr einen aufmunternden Klaps. «Du steigst ja bald wieder aus. Und ich habe überdies ein Mittelchen, um ihn zu kräftigen.»

Sophie zwängte sich neben Jan in den Korb. Ein Zittern überlief den Esel, er knickte mit den Vorderbeinen ein, richtete sich wieder auf. Marie tätschelte seinen Hals und sagte ein paar Worte in seine gespitzten Ohren; da schnaubte er zustimmend und tänzelte so leichtfüßig über die Pflastersteine, als spüre er die Last kaum noch.

Sophies Knie drückten gegen Jans Oberschenkel, halb hatte er den Arm um sie gelegt; anders hätten sie gar nicht Platz nebeneinander gefunden. Sie roch nach Heu, und in der Wärme, die von ihr ausging, vergaß er fast seine Angst.

Raimund breitete ein Tuch über sie und setzte den Deckel auf den Korb.

«Hü», sagte Stanislaus und führte den Esel mit der schwankenden Last über den Vorplatz zum Tor; Marie und Raimund, der ein Reisebündel geschnürt hatte, folgten gemächlich.

Im Korb war es dämmrig; Lichtstreifen musterten Sophies Unterarme. Das sachte Schaukeln preßte sie noch enger aneinander.

«Wie in einem Schiff», flüsterte Sophie.

Sie hörten die Eselshufe über die Zugbrücke klappern.

«Halt», rief einer der Wächter. Die beiden traten aus dem Häuschen und versperrten den Weg über die Brücke mit ihren gekreuzten Lanzen.

Stanislaus, mit dem Esel am Zügel, wollte sich an ihnen vorbeidrängen. «Wir haben Befehl, uns der königlichen Armee anzuschließen.»

«Ihr alle? Und warum?»

Marie deutete auf den Korb. «Wir bringen Proviant. Seht ihr das nicht?»

«Abdecken», befahl der erste Wächter und stellte die Lanze senkrecht. «Zeigt uns, was da drin ist.»

Raimunds Stirn bedeckte sich mit Schweiß.

«Was wird wohl drin sein?» sagte Marie. «Brot, Käse, Pastete. Was sonst?» Sie machte sich am Korb zu schaffen; fast glaubte sie, hinter dem Weidengeflecht den Herzschlag der Kinder zu hören.

«Mach vorwärts, Köchin», sagte der Wächter und trat hinter sie.

Plötzlich drehte Marie sich um und berührte mit den Fingerspitzen, die sie rasch befeuchtet hatte, seine Augen.

«Dich bindet der Wind, du bist blind, du bist blind!»

Der Wächter taumelte zurück, dem andern in die Arme, und rieb sich die Augen. «Ich sehe nichts mehr! Sie hat mich verhext!»

«Weg mit euch», sagte Stanislaus. Er schob den ersten, der jammernd sein Gesicht betastete, beiseite. «Zurück!» schrie der zweite. Seine Stimme klang ängstlich und verwirrt, und er drohte mit der Lanze. Stanislaus wollte ausweichen, stolperte aber und fiel gegen die Lanzenspitze, die sich knirschend in seine Brust bohrte. Stanislaus sank hintenüber, während der Wächter bestürzt die Lanze zurückzog. Ein paar Augenblicke waren alle wie gelähmt. Dann schrie Marie: «Zu Stein wirst du, zu Stein!» Und der zweite Wächter erstarrte, die Lanze in den Händen, mit gespreizten Beinen und offenem Mund. Keiner hatte bemerkt, daß der erste seine Alarmpfeife aus dem Hemd genestelt hatte. Erst als er zu ihrem Entsetzen Alarm geblasen hatte, packte Raimund ihn von hinten und versuchte, ihm die Pfeife zu entwinden.

Jan und Sophie hatten erraten, was geschehen war. Mit bleichen Gesichtern kletterten sie aus dem Korb und knieten neben Stanislaus nieder. Der Blutfleck auf seinem Hemd vergrößerte sich ständig. «Ihr müßt zurück», flüsterte er. «Es ist zu spät, Roderick hat den Alarm gehört.» Der blinde Wächter hatte Raimund ans Brückengeländer gedrückt und versuchte, ihn in den Wassergraben zu kippen. «Helft mir», keuchte Raimund.

Maries Hand, die ein Zeichen in die Luft schrieb, bannte den blinden Wächter fest wie den andern.

Da, was war das? Hörte man nicht Pferdegetrappel, anspornende Rufe?

Stanislaus betastete stöhnend das zusammengerollte Tuch, das Marie, mit Sophies Hilfe, um seine Brust legte. «Laßt mich hier ... um mich ist's nicht schade ... ich habe lange genug gelebt ...»

Ja, jetzt war der Lärm der heranrückenden Soldaten deutlich zu vernehmen.

«Du kommst mit», sagte Marie und schob ihren Arm unter Stanislaus' Schultern.

«Kannst du nicht auch Roderick und seine Männer verzaubern?» fragte Jan schüchtern.

«Nein. Meine Kraft reicht für zwei, höchstens für drei. Darum ist es am klügsten, wenn wir uns jetzt im Schloß einschließen.» Sie bat Raimund, Stanislaus an den Beinen zu packen. Auch Sophie und Jan faßten mit an; zu viert schleppten sie Stanislaus durchs Tor zurück. Der Esel folgte ihnen von selber mit nachschleifenden Zügeln. Sie hatten gerade noch Zeit, das Heu aus dem Korb zu schütten und Stanislaus neben dem Torpfeiler darauf zu betten, da hörten sie Rodericks Gebrüll.

«Tor zu, Tor zu», schrie Raimund mit sich überschlagender Stimme.

«Zieht zuerst die Brücke hoch», sagte Marie.

Die Kurbel mit der Seilrolle wurde üblicherweise von vier kräftigen Männern bedient. Raimund und Marie versuchten ihr Bestes; die Kinder hängten sich mit ihrem ganzen Gewicht an die Kurbel. Knarrend begann sie sich zu drehen; doch die Brücke hob sich nur um ein paar Zentimeter.

«Ich kann nicht mehr», ächzte Raimund. Marie sah ihn von der Seite an. «Mit Kraft und Saft, schon ist's geschafft», murmelte sie. Und plötzlich ließ sich die Kurbel viel leichter drehen. Auf der andern Seite des Wassergrabens mußte Roderick tatenlos zusehen, wie Tor und Wächterhäuschen hinter der emporschwebenden Brücke verschwanden.

Die vier im Hof schlossen die innern Torflügel; dann verriegelten sie mit dem Querbalken das Tor.

«So», sagte Marie und beugte sich über Stanislaus, der ihnen besorgt zugeschaut hatte. «Jetzt kann König Ferdinand sein eigenes Schloß belagern.»

«Und wir sind seine Gefangenen», ergänzte Raimund düster.

Jenseits der Mauer und des Grabens wurden ein paar

Schüsse abgefeuert. Das Knallen widerhallte von den Wänden.

«Schießt nur.» Raimund lachte in sich hinein. «Durchlöchert meinetwegen die Steine.»

«Sie schießen», murmelte Stanislaus. «Und ich … ich liege im Sterben.»

«Das ist nicht wahr», widersprach Jan. Aber Stanislaus war so bleich geworden, daß er sich gar nicht mehr nah zu ihm getraute. Er wandte sich an Marie: «Warum machst du ihn nicht gesund?»

«Ich hab's dir gesagt», antwortete sie unwillig. «Meine Macht ist begrenzt. Gegen den Tod kann ich nichts ausrichten. Aber ich werde Stanislaus' Schmerzen lindern.»

«Du sollst nicht sterben!» Tränen liefen über Jans Wangen und hinterließen Schmutzspuren auf der Haut. Er überwand seine Hemmung und setzte sich zu Stanislaus aufs Heu.

«Alt genug bin ich ja, lieber Prinz.»

«Nein, es ist zu früh.» Jan legte eine Hand auf die Stirn des Dieners und plötzlich preßte er sein Gesicht gegen dessen Schulter und schluchzte.

Eine Viertelstunde nach Roderick erreichte auch der König das Schloß. Der ungewohnte Ritt hatte ihn ermüdet; er hing schief im Sattel, und er sehnte sich nach seinem Zwetschgenkompott. Als er die hochgezogene Zugbrükke sah, erbleichte er. «Was soll das bedeuten?» stammelte er und rutschte unbeholfen vom Pferd. Mehrere Leute redeten gleichzeitig auf ihn ein.

«Ruhe!» schrie Roderick, der salutierend herangeritten war; er blieb im Sattel und ließ den Schimmel vor dem König tänzeln. Ferdinand verlangte eine Erklärung; Roderick lieferte sie, und der König hörte ihm mit weinerlich verzogenem Mund zu. «Ich kann also mein eigenes Schloß nicht mehr betreten?»

«Außer durch Gewalt, Majestät. Aber das wird ein harter Brocken. Schauen Sie sich bloß die Mauern an, die Sie bauen ließen.»

«Alles zum Schutz des Prinzen. Alles zu seinem Wohl.» Ferdinands Unterlippe bebte. «Du meinst, er sitzt jetzt dort drin mit seinen Helfershelfern und verwehrt dem eigenen Vater den Zutritt?»

«Wo soll er sich sonst verkriechen? Wir haben ganz Zipfelland durchkämmt.»

«Schrecklich.» Der König starrte über den Wassergraben zum Schloß, dessen Mauern in der Tat unbezwingbar aussahen. Er dachte an die vielen Gläser mit feinstem Kompott, für die er sich raffinierte Verstecke ausgedacht hatte, und sein Kummer verdoppelte sich.

«Und Ihre Frau Gemahlin . . .» Roderick räusperte sich. «Sie steckt mit den Aufrührern vermutlich unter einer Decke.»

«Wieviel sind's denn im ganzen?» Die Stiche in Ferdinands Magen wurden unerträglich.

«Zehn oder zwanzig. Schwer zu sagen. Jedenfalls sind sie zu allem entschlossen und wahrscheinlich bis an die Zähne bewaffnet.»

Ferdinand erschauerte. «Vielleicht halten sie meinen Sohn mit Gewalt fest.»

«Das glaube ich nicht.» Roderick spuckte verächtlich aus. «Der Prinz ist, mit Verlaub, nicht aus dem besten Holz geschnitzt.»

Normalerweise hätte der König seinen Hauptmann nach einer solch beleidigenden Äußerung zurechtgewiesen; aber er war so mitgenommen, daß er selber kaum noch wußte, wer jetzt eigentlich wem zu gehorchen hatte.

168

«Majestät», sagte Roderick. «Wir müssen das Schloß belagern. Geben sie die nötigen Befehle. Es kann Monate dau-
ern, aber irgendeinmal werden sie aufgeben da drinnen,
das garantiere ich.»

«Tu, was du willst. Aber schick einen Boten zum königlichen Kompottlieferanten. Er soll eine Extraladung zu
mir heraufschicken. Fünfzig Gläser vorerst ... nein, hundert.»

«Majestät, es ist zu früh im Jahr für frisches Kompott,
und das vorjährige wurde bereits geliefert.»

Ferdinand erhob sich mit einem Ruck; sein Gesicht lief
rot an. «Hundert Gläser, verstanden! Keins weniger!» Er
schrie wie ein unbeherrschtes Kind. «Wofür bin ich denn
König? Willst du mich lächerlich machen?»

Wortlos ritt Roderick davon, durch die verstummenden
Soldaten hindurch; alle Farbe war aus seinem Gesicht gewichen.

Gegen Abend wurden vor dem Schloß Zelte aufgestellt.
An zwei großen Feuern brieten Lämmer und Hühner,
die man den Bauern abgenommen hatte. Bei Otto waren
noch fünfzehn Gläser Kompott zum Vorschein gekommen. Er hatte sie den Soldaten widerstrebend überlassen
und gefragt, ob sie wüßten, wo seine Tochter sei; und
Gerda hatte ihnen Sophie genau beschrieben. Aber die
Soldaten hatten die beiden nur ausgelacht.

Die fünfzehn Gläser reichten gerade aus, um Ferdinand
fürs erste zu beruhigen. Als die Dämmerung begann, saß
er in seinem Zelt auf einem beschlagnahmten Polsterstuhl und hatte die Gläser vor sich aufgereiht. Drei waren
schon leer. Ununterbrochen dachte er darüber nach, wie
er eine lange Belagerung ohne größeren Kompottvorrat
überstehen könnte. Zwischendurch tauchte das Gesicht

seines Sohns vor ihm auf und schaute ihn vorwurfsvoll an. «Weg, verschwinde!» murmelte Ferdinand. «Du hast mich verraten. Früher warst du folgsam und eifrig. Warum hast du dich so verändert?» Lange nach Mitternacht schlummerte er auf dem Sessel ein; manchmal seufzte er im Schlaf.

Am nächsten Morgen begann die Belagerung. Die Soldaten brachten ein paar Kanonen in Stellung. Aber König Ferdinand entschied zu Rodericks Mißfallen, man wolle vorläufig nur drohen, und so schossen die Soldaten bloß über die Schloßmauern hinweg.

«Vielleicht geben sie bald klein bei», sagte Ferdinand, der in seinem Schlafrock den Wassergraben entlangspazierte. Er hatte sich Wattebüschel in die Ohren gestopft, damit er nicht bei jedem Knall zusammenfuhr, und er schaute den Soldaten beim Bauen der Flosse und Sturmleitern zu, mit denen sie, nach Rodericks Befehlen, den Wassergraben und die äußere Umfassungsmauer bezwingen sollten.

*in welchem Jan mit einem Feind spricht und
Marie die Totenkerzen anzündet*

Schon seit zwei Tagen widerhallte der Kanonendonner
im Schloß. Aber die Belagerten erschreckte er kaum
noch. Sie kümmerten sich um Stanislaus, der von Stunde
zu Stunde schwächer wurde. Er lag, wie er's gewünscht
hatte, im Innenhof auf einem Lager aus Heu und Laub.
Wenn er die Augen öffnete, sah er, hoch oben, ein paar
Eichenäste; er sah, wie das Sonnenlicht über die Mauern
wanderte, wie es sich zur Mittagszeit in den Blättern ver-
fing und sie zum Leuchten brachte. «Es ist Sommer»,
murmelte er. «Sommer...» Und nach einer langen Atem-
pause fuhr er fort: «Ein wenig Regen könnten wir brauchen...», und seine Hände tappten über die Decken, als
wollten sie irgendwo ein Fleckchen Feuchtigkeit aufspüren.

«Willst du etwas trinken?» fragte Marie.

Stanislaus nickte, und sie flößte ihm, während Jan und
Sophie ihn stützten, aus einem Krug ein wenig Eisen-
krauttee ein.

An der Holzwand des Treppengerüsts lehnte Johann, der

Soldat; er war an Händen und Füßen gefesselt und machte ein grimmiges Gesicht. Die Kinder hatten ihn aus seinem Gefängnis befreit und dafür den Durchschlupf erweitert; sie waren zu ihm hineingekrochen, sie hatten seine Fußfesseln gelöst und ihm befohlen, ihnen auf Ellbogen und Knien ins Freie zu folgen. Aber Johann lohnte ihnen ihr Mitleid nicht; in unregelmäßigen Abständen stieß er Flüche und Verwünschungen aus, und sonst brütete er finster vor sich hin.

Es war später Nachmittag; über den Himmel zogen große Wolken.
«Wie wollen wir's halten in der Nacht?» fragte Marie. «Wollen wir einander wieder ablösen? Es ist wichtig, daß alle ein bißchen schlafen.»
Jan schüttelte entschieden den Kopf. «Ich bleibe hier.»
«Es ... es dauert nicht mehr lange», murmelte Stanislaus.
Jan faßte wortlos seine Hand.
«Ihr zwei ...», fuhr Stanislaus fort, «ihr seid jung ... euch gehört die Zukunft ... ihr müßt weg von hier ...» Die Pausen verlängerten sich nach jedem Satz.
«Wir können nicht weg, Stanislaus.»
«Doch, mein Prinz ... Sophie weiß wie ... sie hat mir's letzte Nacht gesagt ...»
Jan schaute fragend auf, und Sophie errötete.
«Hör ihr zu ... Sie ist kühn ... sehr kühn ...» Er schloß ermattet die Augen; seine Lippen bewegten sich kaum noch. «Ihr ... müßt ... es ... wagen ...»
«Du strengst dich zu sehr an», sagte Raimund angstvoll.
Stanislaus schwieg; sogar seine Hände waren ruhig geworden.
«Er hat recht», sagte Marie. «Ihr müßt weg. Was hast du vor, Sophie?»

«Wir bauen zwei große Flugdrachen», erwiderte sie. «Das wollte ich von Anfang an.»

Jan stockte der Atem. Also doch, sie meinte es ernst!

«Schön», lächelte Marie. «Aber ein Ballon ist sicherer und trägt euch weiter. Ich werde euch helfen.»

«Wo willst du landen, wenn wir den Flug überleben?» fuhr Jan dazwischen. «Roderick findet uns überall.»

«Zipfelland ist klein, das weißt du doch. Wir landen dort, wohin der Wind uns treibt, jenseits der Grenzen. Dort hat Roderick nichts zu suchen.»

«Und die großen Sümpfe? Sie sind auf allen Karten verzeichnet. Hast du nicht Angst vor ihnen?»

«Ein bißchen. Aber ich bin sicher, wir haben Glück.»

In diesem Augenblick ertönte, rätselhaft von wo, eine Stimme. Es war unverkennbar die Stimme des Königs, und man verstand trotz des hohlen und entfernten Klangs jedes Wort.

«Sohn, mein Sohn», rief er, «ich will mit dir sprechen. Komm auf die Plattform!»

Jan schaute sich ratlos um.

«Tu, was er sagt», riet Raimund. «Vielleicht will er sich mit dir versöhnen.»

«Jan, gehorche mir! Komm auf die Plattform, wo wir uns sehen können!» Die Stimme des Königs wurde schriller und anklagender von Wort zu Wort.

«Ich gehe nicht», sagte Jan.

«Du verlierst nichts dabei», sagte Sophie.

«Jan, Jan», klagte die Stimme des Königs. «Sprich mit mir!»

«Aber dann kommst du mit.» Jan packte Sophie am Ärmel. Sie sträubte sich ein wenig, dann gab sie nach. Die Plattform lag noch in der Sonne. Jan blinzelte, um sich ans Licht zu gewöhnen; Hand in Hand mit Sophie trat er ans Geländer. Er war nun groß genug, um darüber hinwegzusehen. Weit hinter dem Dach des Hauptgebäudes, hinter der Mauer und jenseits des Wassergrabens stand, klein wie eine Holzfigur, der König im Schlafrock und hielt einen Blechtrichter vor dem Mund; neben ihm verharrte, hoch zu Pferd, der Hauptmann Roderick und beschattete mit einer Hand sein Gesicht.

«Was willst du?» schrie Jan mit aller Kraft.

«Ich will, daß du deinem Vater gehorchst», antwortete Ferdinand. «Öffne das Schloß, laß uns herein, und alles ist wieder gut.»

«Laß mich frei», schrie Jan, «laß mich gehen, wohin ich will.»

«Das kann ich nicht. Ich bin verantwortlich für dich.»

«Ich will nicht länger in einem Gefängnis leben.»

«Jan, mein Sohn», schrie der König, und es klang, als unterdrücke er ein Schluchzen, «ich will ja nur, daß dir nichts Schlimmes passiert.»

«Gewähre mir und Sophie freien Abzug», schrie Jan, «und ich falle dir nie mehr zur Last.»

«Ausgeschlossen!» schrie Ferdinand, und Sophie sah, daß er mit dem Fuß aufstampfte. «Dieses Mädchen führt dich ins Verderben. Es gehört in den Kerker. Wer soll das Land nach mir regieren, wenn nicht du? Und wie willst du überleben ohne meine Hilfe?»

«Ich werde lernen, was nötig ist. Aber ein König wie du möchte ich nicht werden.» Jan spürte, daß Sophie bestätigend seine Hand drückte.

«Dann sind wir also endgültig Feinde.» Es schien Ferdinand Mühe zu kosten, diesen Satz vor allen Ohren auszusprechen; aber niemand sollte ihn als Weichling abstempeln können.

174

Jan oben auf der Plattform blieb stumm, oder er sprach so leise, daß seine Worte den König nicht erreichten.

«Majestät», mischte sich Roderick ein, «hören Sie auf, es hat keinen Sinn. Wir müssen ihn mürbe machen, das ist die einzige Möglichkeit.»

«Laß mich», herrschte Ferdinand ihn an. Noch einmal setzte er den Trichter an den Mund: «Jan, mein Sohn, wir sind von nun an Feinde. Richte deiner Mutter aus, daß ich sie als Verräterin betrachte. Ich werde», er stockte und fuhr abgehackt fort, «gegen sie ebenso schonungslos vorgehen wie gegen dich und deine Freunde.»

Er schwankte und stützte sich auf Roderick, der vom Pferd gesprungen war, um ihm behilflich zu sein.

Auf der Plattform lehnte Jan sich halb ans Geländer, halb an Sophie. «Mama?» fragte er heiser. «Was meint er damit? Sie ist doch gar nicht bei uns.»

«Komm, gehen wir», sagte Sophie niedergeschlagen. «Jetzt wissen wir's: keine Versöhnung.»

Jan folgte ihr mit hängenden Schultern. Auf der obersten Treppenstufe drehte sich Sophie nach ihm um. «Na, was meinst du?» Ihr Gesicht drückte Entschlossenheit und Kampflust aus.

«Denen zeigen wir's, nicht wahr.»

«Ja», sagte Jan. «Ihnen allen.» Und plötzlich lachte er. «Ab in die Luft! Ab in die Luft!» Und hinter Sophie her tanzte er die Wendeltreppe hinunter.

An Stanislaus' Sterbelager herrschte Aufregung. Er hatte sich unvermutet aufgesetzt und sprach in einem fort, obgleich Raimund und Marie ihn zu beschwichtigen versuchten. Die Kinder prallten bei seinem Anblick zurück.

«Gebt acht ... gebt acht ...», stieß er hervor. «Da ist er ja, übergießt ihn mit Pech! ... Ja, so ist es gut ...»

«Er phantasiert», sagte Marie. «Das ist ein schlechtes Zeichen.»

Plötzlich verstummte Stanislaus. Die Minuten verstrichen; noch atmete er. Ein Lächeln entspannte seine Züge; die Augen sahen wieder. «Jan», flüsterte er, «ich gehe fort ... nicht dorthin, wo du ... Du wirst eines Tages ... du und Sophie ...» Ein Schauer überlief ihn; seine Pupillen weiteten sich; das Lächeln erstarrte; die eine Hand rutschte wie ein schwergewordenes Gewicht vom Brustkorb herunter.

«Es ist vorbei», sagte Marie leise und drückte Stanislaus die Augen zu.

Jan spürte einen glühenden Klotz in seiner Kehle. Er räusperte sich und räusperte sich nochmals, und endlich kamen die Tränen.

Später zündete Marie Kerzen an und stellte sie zu Häupten und Füßen des Toten auf. In ihrem Schein schien sein Gesicht wieder lebendig zu werden; aber Jan wußte, daß er von Stanislaus Abschied nehmen mußte.

«Diese Nacht halten wir Totenwache», sagte Marie. «Morgen früh werde ich ihn waschen, kämmen und ins Totenhemd kleiden.»

«Und ich», sagte Raimund, «werde neben der Eiche sein Grab schaufeln.» Er sagte Eiche statt Iche, als wäre der jahrelange Gehorsam plötzlich von ihm abgefallen.

Die Nacht verging für die Kinder zwischen Schlummern und Wachen. Sie lagen auf leeren Säcken, die nach Korn rochen, und hatten eine Pferdedecke über sich gebreitet, und immer wenn sie aus einem ihrer kurzen Träume erwachten und die Augen öffneten, sahen sie Marie, die, von den Kerzen beschienen, mit gefalteten Händen vor sich hin murmelte; in ihrem Schatten verschwand der Tote.

Zum Frühstück aßen sie Brot, das Marie am Vortag gebacken hatte, und tranken Apfelsaft. Jan boxte Löcher in die Luft, um die Morgenkälte zu verscheuchen, und Sophie, die sich am Brunnen gewaschen hatte, hüpfte ein bißchen auf und ab.

«So», sagte Raimund zu den Kindern, nachdem er sich den Mund abgewischt hatte, «jetzt geht und erfüllt seinen letzten Wunsch.»

Er bemühte sich trotz seines vom Weinen verquollenen Gesichts um einen aufmunternden Ton. «Marie und ich beerdigen ihn allein. Ihr habt anderes zu tun.»

Sophie nickte. «Ich brauche Papier. Dünnes, aber solides Papier. Sehr viel Papier. Und Fischkleister.»

«Den rühr ich dir in der Küche an», sagte Marie.

Raimund kicherte überraschend. «Im Thronsaal gibt es genug Papier.»

«Im Thronsaal?» zweifelte Jan.

«Reißt aus den Gesetzbüchern so viele Seiten heraus, wie ihr wollt, die taugen sowieso zu nichts.»

«Gut», sagte Sophie. «Den Korb haben wir schon. Seile gibt's in der Scheune. Und die Flammen, Marie, die gehorchen dir doch, oder nicht?»

«Ich hoffe es, Sophie. Ich habe vieles verlernt, aber nicht alles.»

in welchem Sophie den Thron besteigt und eine
Halbhexe den richtigen Wind voraussieht

Der Thronsaal war gespenstisch leer, und der Thron, der in der Mitte stand, wirkte wie ein plumpes, dummes Wesen.

«Die da», sagte Sophie und deutete auf die dickleibigen Bände, die Rücken an Rücken die Gestelle füllten. Sie trug einen Kübel mit angerührtem Kleister, in dem der königliche Rasierpinsel steckte; den stellte sie neben den Thron, und Jan legte Schere und Maßstab dazu.

Zu zweit zerrten sie einen der Bände aus der Reihe und wuchteten ihn auf den Boden, so daß der ledergebundene Deckel von selber zurückklappte. «Ge... Gesetze über ...», buchstabierte Sophie, «Gesetze über ... über die pünk...»

«Gesetze», verbesserte Jan sie, «über die pünktliche Lieferung der Abgaben aus Acker- und Gartenbau ins königliche Schloß sowie der zu gewärtigenden Strafen bei Nichtbefolgung der diesbezüglichen Vorschriften.»

«Du hältst dich wohl für sehr gescheit», sagte Sophie, «wenn du diesen Quatsch einfach so herunterleiern kannst.»

179

Jan errötete. «Ich hab's eben gelernt.»

«Na ja. Etwas hast du ja tun müssen.» Sophie riß die erste Seite heraus, und das Geräusch, das einem Fauchen glich, ließ Jan zusammenfahren.

«Nicht so», sagte er. Mit der Schere trennte er die nächste Seite heraus; doch der Schnitt verlief in Wellen und Zacken.

«Na ja», sagte Sophie. «Das hast du leider nicht gelernt.» Und mit einem tröstenden Lächeln fügte sie bei: «Du wirst dich schon noch verbessern.» Sie erklärte ihm, wie sie vorgehen würden, und Jan schnitt weitere Seiten heraus. Obwohl seine Finger Blasen bekamen, wurde jeder Schnitt ein wenig gerader und genauer, und dann gelang es ihm sogar, dem leichten Bogen entlangzuschneiden, den Sophie nach ihren Berechnungen auf einzelnen Blättern vorgezeichnet hatte. Unterdessen kniete sie auf den Fliesen, tunkte den Pinsel in den Kleister und klebte die zurechtgeschnittenen Seiten zu langen Bahnen zusammen. Nach zwei, drei Stunden hatte Jan begriffen, wie sich die Ballonhülle zusammenfügen würde; er erinnerte sich an Abbildungen und Pläne, die er in Büchern gesehen hatte, und er getraute sich sogar, Sophie zu korrigieren. Die brauste zuerst auf und wollte nichts wissen von seinen Verbesserungsvorschlägen; dann aber, als hier oder dort etwas tatsächlich nicht zusammenpaßte, sah sie ein, daß auch Jan recht haben konnte, und sie übergab ihm zwischendurch den Pinsel, damit er sie beim Kleben ablöste.

Gegen Mittag brachte ihnen Marie das Essen auf zwei hübsch angerichteten Tellern, Salzkartoffeln mit zerlassener Butter und Rührei.

«Heute abend sind wir fertig», sagte Sophie mit vollem Mund.

«Die Hülle ist das Wichtigste», entgegnete Marie. «Sie

darf euch nicht zerreißen. Und sie muß groß genug sein.»
Sie schürzte ihren Faltenrock, kauerte neben der schrumpeligen Hülle nieder, die inzwischen den halben Boden des Thronsaals bedeckte, und prüfte mit dem Zeigefinger die Klebestellen. Dazu murmelte sie: «Almi Talmi Frevel, das hält wie Pech und Schwefel», und hier oder dort verrieb sie auf dem Papier ein wenig Speichel.

«Gut gemacht, Kinder», sagte sie, als sie sich aufrichtete. «Da kann gar nichts passieren.» Um ihre Augen zeigten sich vergnügte Fältchen; wortlos ging sie hinaus.

Jan dämpfte seine Stimme, damit sie im Thronsaal nicht hallte. «Glaubst du, daß Marie eine Hexe ist? Eine gutartige, meine ich.»

Sophie überlegte einen Augenblick. «Ich glaube, sie ist eine Halbhexe.»

«In meinen Büchern steht, daß es sechs Kategorien von Hexen gibt. Erstens die gemeingefährlichen Zauber- und Verwünschungshexen. Zweitens ...»

«Das interessiert mich nicht», unterbrach ihn Sophie. «Marie ist Marie. Und Marie kann vieles, was wir nicht können. Schau doch.» Sie packte die Ballonhülle und versuchte, sie zu zerreißen; doch das Papier zerriß nicht. Jan staunte. «Und wenn es Feuer fängt? Ich meine ...»

«Machen wir weiter», sagte Sophie und griff nach dem Kleistertopf.

Irgendwann am späten Nachmittag war die Hülle fertig: ein langer, runzliger Papierschlauch; die Öffnung unten, in die das Feuer züngeln sollte, verstärkten sie mit Lederstreifen, die sie von den Bucheinbänden abgetrennt hatten.

«An den Lederring», sagte Sophie, «hängen wir den Feuerkessel und an Garbenseile unsern Korb.»

Sie klatschte in die Hände vor Freude, und plötzlich nahm sie Anlauf und hüpfte auf den Thron. «Hurra!» schrie sie. «Ich bin die Königin, und ich befehle ... ich befehle ...» Sie fuchtelte, nach Worten suchend, mit den Armen.

«Was befiehlst du denn?» fragte Jan.

«Ich befehle, daß alle Menschen glücklich sind.»

«In meinen Büchern steht, das sei unmöglich.»

«Ach, du mit deinen Büchern.» Die Nase rümpfend sprang sie vom Thron hinunter, beinahe in Jans Arme; doch er getraute sich nicht, sie wirklich aufzufangen.

Sie luden die Hülle auf ihre Schultern und trugen sie wie eine Riesenschlange durch die Gänge zum Innenhof. Obgleich sie nicht viel wog, hatte Jan mit der Last zu kämpfen. Selbst kleine Gewichte drücken mich, dachte er; das muß sich ändern. Sophie drehte sich besorgt nach ihm um. «Geht es?»

«Prima.» Und Jan beschleunigte seine Schritte und schloß beinahe zu Sophie auf, so daß die Hülle ein paar Meter über den Boden schleifte.

Raimund und Marie saßen wartend neben dem frischen Grab. Sophie pflückte ein paar Stauden des gelbblühenden Habichtskrauts, das aus den Mauerritzen sproß, und legte sie aufs Grab.

«Kein Kreuz, kein Name», sagte Raimund. «Er hat sich's so gewünscht. Erde zu Erde, Staub zu Staub.»

«Jetzt ist er verschwunden», sagte Jan und zerkrümelte ein wenig Erde vom Grab zwischen seinen Fingern.

«Aber nicht aus unserer Erinnerung», sagte Marie.

Eine Zeitlang schwiegen sie und hingen gemeinsam ihren Gedanken nach; dann räusperte sich Sophie und sagte: «Wir sind fast soweit.»

«Man sieht's», lächelte Marie. «Kommt, wir tragen hinauf, was ihr benötigt. Und tun wir's, bevor der Tag zu Ende ist.»

Das dauerte seine Zeit; aber schließlich hatten sie alles hinaufgeschafft: die Hülle, den Korb, die Seile, den Feuereimer, Regenkleider, Proviant; die ganze Plattform war übersät.

Jan schaute zu den Zelten hinüber, zwischen denen die Soldaten herumlungerten. «Und wenn sie uns sehen? Wenn sie erraten, was wir planen?»

«Sie sehen uns nicht», sagte Raimund. «Die Sonne blendet sie.»

Nochmals härtete Marie die Hülle mit ihrem Zauberspruch. Dann halfen ihr die Kinder, den Korb und den Feuerkessel zu befestigen.

«Und jetzt», sagte Marie, «brauchen wir dürre Zweige, um die Glut anzufachen.»

«Von meiner Iche?» fragte Jan. «Gut. Aber ich hole sie allein.»

Das begriff auch Sophie. Sie und Raimund halfen Jan übers Geländer; er hangelte sich in die Tiefe, stemmte die Füße in eine Astgabel. Links und rechts brach er dürre Zweige ab und bündelte sie in seinen Armen. «Verzeih, liebe Iche», sagte er. «Ich brauche dich zum letztenmal.»

Nimm, nimm, glaubte er zu hören, verwandle mich. Und die Zweige neigten sich ihm entgegen, und es kam Jan wie im Märchen vor, daß er, ein riesiges Bündel in den Armen, mühelos zurückklettern und das Reisig Marie reichen konnte.

«Gut so», sagte sie. «Jetzt zerkleinern wir das Holz und füllen den Feuereimer.»

Das hat doch gar nicht alles Platz darin, dachte Jan. Aber er täuschte sich. Sie zerbrachen die Zweige über den

183

Knien, und der Eimer schien unersättlich zu sein: Er schluckte das ganze Bündel.

«Das wird brennen, wie's soll», sagte Marie zufrieden. «Aber erst morgen früh, beim ersten Sonnenstrahl. Das ist die günstigste Zeit.»

«Noch eine Nacht in diesem schrecklichen Schloß?» Einen Moment lang – aber wirklich nicht länger – dachte Sophie an Otto und Gerda und daran, daß sie sich wohl Sorgen machten.

«Die letzte», erwiderte Marie. «Habt Geduld. Ihr könnt nicht fliegen ohne den richtigen Wind. Aber morgen früh weht er euch zur Grenze, ich spür's genau.»

Jan gab sich einen Ruck. «Ich möchte diese Nacht nochmals in meinem alten Bett schlafen.»

«Warum denn?» fragte Sophie erstaunt.

«Einfach so. Um Abschied zu nehmen.»

«Und ich? Wo soll ich schlafen?»

Jan errötete. «Das Bett ist breit genug. Du hast Platz neben mir.»

«Wirklich? Dann schlafe ich in einem richtigen Prinzenbett!»

21. Kapitel

*in welchem sich eine runzlige Hülle
verwandelt und Roderick daneben
schießt*

So kam es, daß Jan und Sophie zwei Stunden später nebeneinander im Prinzenbett lagen, unter der Decke mit den aufgestickten Sternen. Daß Sophie da war, neben Jan, machte das Zimmer, das er immer gehaßt hatte, weiter und luftiger, als wären die Gitter vor den Fenstern plötzlich verschwunden.

Kurz bevor Jan in einen unruhigen Schlaf fiel, spürte er, daß eine Hand nach seiner tastete und sie freundlich umschloß, und dann schmiegte sich ein warmer Körper an ihn.

Im Traum stolperte er über lauter Wurzeln, die sich in Schlangen verwandelten. Dann stieß er auf Roderick, dem Marie im Nacken saß. Roderick schüttelte sich, und Marie flatterte wie eine Krähe davon. Jan und Roderick kämpften miteinander, und Jan warf Roderick zu Boden, so daß er in hundert Stücke zersprang. Dann stand er mit Sophie im Thronsaal, und Ferdinand, der so dick war, daß er sich kaum noch bewegen konnte, empfing sie mit

185

einem Bückling. Plötzlich war der Saal voller Leute, die Jan zujubelten, und er verkündete mit der Stimme eines Mannes: «Als erstes befehle ich, die Mauer niederzureißen.»

Raimund holte die Kinder am Morgen rechtzeitig aus dem Bett, und weil Sophie in der Morgenfrische ein bißchen fröstelte, legte er ihr seine Jacke um die Schultern. Marie hatte den letzten Rest Milch für sie gekocht und ein paar Löffel Honig darin aufgelöst und möglicherweise noch etwas dazu. «Das kräftigt», sagte sie. Und dann streckte sie draußen vor der Küche den feuchten Zeigefinger in die Luft. «Der Wind kommt aus der richtigen Richtung. Spürt ihr's?»

Noch schliefen die Belagerer in ihren Zelten; Dunst schwebte über dem Wassergraben; ab und zu wieherte von ferne ein Pferd. Maries Anweisungen gehorchend, hielten die Kinder die Hülle am Lederring über den Feuereimer, und Raimund zündete das Holz an. Die Hülle wird Feuer fangen, dachte Jan verzweifelt, als die ersten Flammen aufzüngelten, und dann ist alles aus.

Aber die Hülle verbrannte nicht; sie füllte sich langsam mit heißer Luft, sie dehnte sich, sie blähte sich, baumhoch, haushoch, der Wind ruckte an ihr, das vergilbte Papier schimmerte in den ersten Sonnenstrahlen. Schon schwebte der Ballon über der Plattform; immer noch wuchs er, wurde praller und voller, begann am Korb zu zerren.

«Steigt ein, Kinder», sagte Marie und hielt den Korb, zusammen mit Raimund, an einem der straff gespannten Seile fest.

«Du zuerst», sagte Sophie zu Jan.

«Nein du», entgegnete Jan.

186

Und dann wußten sie selber nicht, wer zuerst eingestiegen war. So hatten sie schon einmal, Hüfte an Hüfte, mit angezogenen Knien, im gleichen Korb nebeneinandergesessen; ein halbes Jahrhundert schien es her zu sein.

«Feuer, laß nicht nach!» rief Sophie beschwörend und ahmte dabei, ohne es zu merken, Marie nach.

Da ertönte ein Ruf: «Jan, Jan!», und Isabella erschien, im Morgenrock und außer Atem, auf der Plattform. Erstmals seit drei Tagen hatte sie ihren Zufluchtsort verlassen. Sie hatte nach den Dienern gerufen, war durch ausgestorbene Gänge gelaufen, und schließlich hatte sie im Innenhof Stimmen gehört und war ihnen auf die Plattform gefolgt. Sie erschrak beim Anblick des startbereiten Ballons. «Jan, mein lieber Sohn, was hast du vor?» Sie rannte zum Korb, um Jan zu umarmen. Aber er stieß sie zurück. «Laß mich, Mama.»

«Du wirst abstürzen. Oh Gott, warum hält dich niemand zurück? Wo ist dein Vater? Wo sind all die andern?»

«Dort.» Jan zeigte zum Zeltlager, in dem es unruhig geworden war.

«Sie haben Kanonen», sagte Sophie, «aber sie werden uns nicht treffen.»

«Um Gotteswillen!» Allmählich wurde Isabella klar, was sich abgespielt haben mußte, während sie ihren Groll ausweinte. «Das ist ja eine Belagerung.»

Jan spürte das Ziehen des Ballons; die Seile surrten, wenn er sie berührte. «Wir fliegen gleich, Mama.»

«Und ich? Was wird aus mir?»

Jan wandte den Blick ab von ihrem bittenden Gesicht. «Ich kann nicht bleiben», sagte er leise. «Dir wird Papa nichts tun, wenn ihr das Tor öffnet.»

Noch größer, noch runder wurde der Ballon über ihren Köpfen.

«Ich kann … ich kann ihn nicht mehr festhalten», entschuldigte sich Raimund bei der Königin. «Das Seil. Es zieht zu stark.»

Aufstöhnend ließ er das Seil los. Der Ballon schnellte in die Höhe und schwebte davon; die beiden Gesichter, die aus dem Korb schauten, wurden rasch kleiner.

«Wir fliegen, Jan, wir fliegen», lachte Sophie. Sie kniete so dicht neben ihm, daß ihre Haare seine Wangen kitzelten.

«Ja», sagt Jan staunend. «Ja.»

Schon trieben sie über den Wassergraben hinweg. Unten im Lager traten gerade Roderick und der König aus ihren Zelten, schlaftrunken der eine, ungläubig und erbost der andere. Doch während sich Ferdinand noch die Augen rieb, erkannte Roderick sogleich den Ernst der Lage.

«Tausend Teufel!» donnerte er. «Sie flüchten!»

«Flüchten? Aus dem Schloß?» stotterte der König. «Wer? Wie? Das darf doch nicht sein!»

«Gewehre laden!» schrie Roderick. «Kanonen ausrichten! Der Ballon wird abgeschossen!»

«Abgeschossen», echote der König und hüllte sich enger in seinen Schlafrock. Erst jetzt erblickte er den Ballon, der wie eine goldene Kugel davontrieb. Das ist Jan, dachte er, und dann überschlugen sich die Gedanken in seinem Kopf.

Die Gewehrschützen stopften unterdessen Pulver in die Läufe; die drei Kanonen wurden herumgeschwenkt.

«Los, los, ihr Lahmärsche!» tobte Roderick und trieb die Kanoniere mit Fußtritten zur Eile an. «Nehmt sie ins Visier!»

«Nein», sagte Ferdinand zu seiner eigenen Überraschung. Und nochmals: «Nein.»

Roderick tat so, als habe er nichts gehört; doch ein paar Soldaten verlangsamten ihre Bewegungen.

188

«Feuer an die Lunten!» schrie Roderick, hochrot vor Grimm.

«Nein!» schrie Ferdinand.

Die Soldaten ließen die Gewehre sinken und schauten ratlos vom König zum Hauptmann.

«Schießt! Schießt!» Rodericks Stimme kippte um in ein heiseres Krächzen.

«Nein.» Ferdinand spürte, daß die Waage sich auf seine Seite neigte. «Daß keiner es wage, meinem Sohn ein Leid anzutun!»

Die Soldaten rührten sich nicht.

«Verräter! Feiglinge!» Roderick entriß dem Soldaten, der ihm am nächsten stand, das Gewehr; er legte an, er zielte, der Schuß krachte; doch unberührt und majestätisch schwebte der Ballon aus ihrem Blickfeld.

Roderick warf das Gewehr weg, riß seine Mütze vom Kopf und trampelte auf ihr herum.

«Ergreift ihn», sagte Ferdinand.

Die Soldaten zögerten, dann näherten sich vier dem tobenden Hauptmann, während Ferdinand dem Ballon nachschaute.

«Daneben, daneben!» rief Sophie, als sie den Schuß hörte.

«Das war Roderick», sagte Jan.

Lautlos schwebten sie über dem Land. Die Wiesen glänzten; der Fluß glitzerte; aus den Häusern stieg Rauch. Noch nie hatte Jan so starke Farben gesehen.

Sophie wandte ihm ihr Gesicht zu und griff nach seiner Hand.

«Sieh doch», sagte Jan und zeigte auf den Wald, den sie gerade überflogen. «Bäume, lauter Bäume.»

Lukas Hartmann studierte Germanistik, Psychologie und Musik, baute eine Jugendberatungsstelle auf, war sechs Jahre lang als Radiomitarbeiter tätig, reiste durch Südamerika, Indien, Afrika; 1983/84 verbrachte er als Stipendiat am Istituto Svizzero in Rom. Er lebt heute als freier Schriftsteller und Journalist bei Bern.

Susann Opel, geb. 1963; studierte Kunsterziehung in Frankfurt am Main und an der Akademie der Bildenden Künste in München bei Maria Friedrich. Seit 1988 als freischaffende Illustratorin tätig. Lebt mit Mann und Tochter in Dachau.